裏道を行け

ディストピア世界をHACK《ハック》する

橘玲

講談社現代新書

2644

プロローグ――ふつうの奴らの上を行け

現実は攻略不可能な「無理ゲー」

ネットフリックス史上最大のヒットとなった韓国ドラマ『イカゲーム』はいわゆるデスゲームで、参加者は人生を逆転する賞金を求めて、〝だるまさんが転んだ〟や綱引きなど子どもの頃の遊びで勝負する。

ゲームの参加者は456人で、主人公のソン・ギフンは456番目。1人が死ぬと1億ウォン（約1000万円）が積み立てられ、45億円相当の賞金を目指して6つのゲームに挑む。

ギフンは賞金で母親の病気を治療し、再婚してアメリカに移住する元妻から娘を取り戻そうとしている。それ以外の参加者も、先物取引の多額の損失を隠蔽して逮捕状が出ていたり、ヤクザ組織の金に手をつけて追われていたり、幼い弟のために北朝鮮から母親を連れ戻そうとしているなど、なんとしてでもカネを手に入れなくてはならない切羽詰まった事情があった。

物語が進むうちに、元医師の参加者が事前にゲームの情報を得ていることがわかる。スタッフ（○△□の黒マスクが階級を表わす）がゲームの落後者の臓器を医師に摘出させて小遣い稼ぎをしており、そのために医師に死なれては都合が悪かったのだ。

ゲームの運営を任された鉄仮面の男（フロントマン）はこの不正に気づいて、「死体から臓器を取り出して売ろうが食おうが興味ないが、最も大事なものを奪ったことは許せない」と首謀者に告げる。それは〝平等〟だ。

ゲームでは皆が平等なのだ
参加者全員が同じ条件のもとで競う
不平等と差別に苦しんできた人々に
公平に競える最後のチャンスを与えるのだ
その原則をお前たちが破った

こうして裏切者は処刑されるのだが、このドラマが世界じゅうの視聴者のこころをとらえた理由がこの言葉に凝縮されている。

参加者にとっては、456人中455人が死ぬデスゲームより現実の方が地獄だった。なぜなら、現実は攻略不可能な「無理ゲー」だが、イカゲームにはわずかだが攻略の可能性（希望）があるのだから――。

常識やルールの「裏をかく」

ハッカーというと、政府や企業のサーバーに不正に侵入して個人情報を盗み出したり、システムを凍結させて解除のための〝身代金〟を要求する「電脳空間の犯罪者集団」のイメージで語られる。

だが1950年代のコンピュータ草創期のハッカーたちを取材したサイエンスジャーナリストのスティーブン・レビーは、ハッカーを「冒険家、空想家、大胆な行動家、芸術家であり、何よりも、コンピュータがなぜ革命的な道具なのかを一番はっきりと知っていた」者たちだと定義している。[*1]

レビーによると、「HACK（ハック）」という言葉はもともと、MIT（マサチューセッツ工科大学）の学生たちが畏敬の念を込めて、「凝ったいたずら（キャンパスを見下ろすドームをアルミ箔で包んでしまうなど）」を評する言葉だった。それがコンピュータの時代になって、「革新的で、かっこよく、高度なテクニックを駆使した妙技」を操り、システムの改善にもっとも貢献した者を「ハッカー」と呼ぶようになった。

1990年代のハッカーであるポール・グレアムは、並はずれて優れたプログラマーと、コンピュータに不正侵入する者が、ともに「ハッカー」と呼ばれるのは間違ってはいないという。ハッカーとは、「コンピュータに、良いことであれ悪いことであれ、自分のやりたいことをやらせることができる者」のことなのだ。[*2]

何かをとても醜い方法でやったら、ハックと呼ばれる。しかし、何かを素晴らしく巧みな方法でやってのけてシステムをやっつけたなら、それもハックと呼ばれる。なぜなら、この2つには共通点があるから。

それは、両方とも「ルールを破っている」ということだ。ハッカーとは、常識やルールを無視して「ふつうの奴らの上を行く」者たちのことなのだ。

「高度化する知識社会」という現実

本書では、コンピュータの世界で使われてきた「HACK」が〝大衆化〟している状況について考えてみたい。初期のハッカーたちはコンピュータやネットワークの「システム」をハックしようとしたが、いまでは脳から金融市場、社会まで、あらゆるものがハックの対象になっている。

脳のニューロンは発火するかしないかの「二進法」で、遺伝子(DNA)はA(アデニン)、G(グアニン)、C(シトシン)、T(チミン)というわずか4つの塩基(情報)の組み合わせにすぎない。金融市場はマネーというデータの巨大ネットワークで、突き詰めれば、プラス

（儲かる）とマイナス（損する）の単純な取引の無限の繰り返しだ。社会はヒトという個体の大規模なネットワークだが、それはハチやアリのような社会性昆虫のネットワークをより複雑にしただけのものかもしれない。

だとすれば、これらのシステムはすべて（コンピュータと同じように）ハックできるのではないだろうか。こうした発想は、近年（とりわけ21世紀以降）、あらゆる分野でテクノロジーが指数関数的に進歩していることで、けっして夢物語ではなくなった。

世界はいま、知識社会化、グローバル化、リベラル化という三位一体の巨大な潮流のなかにある。この人類史的な出来事によって社会はとてつもなく複雑になり、ひとびとは急激な変化に翻弄され、人生の「攻略」が難しくなっている。――これを私は「無理ゲー社会」と呼んでいる。

わたしたちは一人ひとり異なる個性があり、多様な能力をもっているが、能力のなかには、知識社会に適したものと、そうでないものがある。この能力やパーソナリティのばらつきが、失業や依存症、貧困・犯罪などさまざまな社会問題の原因になっている。

知識社会の高度化というのは、端的にいえば、仕事に要求される知的スペック（学歴・資格・知能など）が上がることだ。ハードルが高くなれば、当然、それを超えられる者の数は少なくなる。

その結果、純化した知識（学歴）社会のアメリカでは、高卒や高校中退の白人労働者階級（ホワイト・ワーキングクラス）が仕事を失い、自尊心を奪われ、ドラッグ、アルコール、自殺で「絶望死」している。世界じゅうで平均寿命が延びているときに（コロナ前）、アメリカでは低学歴の白人の平均寿命が短くなるという驚くべき事態が起きていた。その怒りが、「右派ポピュリズム」となってトランプ現象を生み出したのだ。[*3]

だがいまでは、知的スペックのハードルがさらに上がって、大学を卒業しても望むような仕事（弁護士や医師、ウォール街のトレーダーやシリコンバレーのエンジニア）に就くことができなくなった。こうして、「不満だらけのエリート・ワナビーズelite-wannabes（エリートなりたがり）」がレフト（左翼）やプログレッシブ（進歩派）と呼ばれる「左派ポピュリズム」を形成し、富裕税やベーシックインカムのような急進的な政策を主張してリベラル穏健派のバイデン政権を揺さぶっている。

リベラル化で実現した生きづらい社会

「リベラル化」というのは、「自分らしく自由に生きたい」という価値観で、第二次世界大戦後のとてつもなくゆたかで平和な社会しか知らない若者たちを中心に、１９６０年代後半のアメリカ西海岸で始まった文化・社会運動（カウンターカルチャー／ヒッピー・ムーブメント）だ。それがたちまち世界じゅうの若者を虜《とりこ》にし、パンデミックのように広まっていった。これはキリスト教やイスラームの成立に匹敵する人類史的な出来事だが、その巨大な影響力をわたしたちはまだ正しくとらえることができていない。

リベラルな社会では、「わたしが自由に生きるのなら、あなたにも自由に生きる権利がある」とされる。この自由の相互性によってあらゆる差別は許容されなくなり、女性や有色人種、性的少数者など、これまで社会の片隅に追いやられてきたマイノリティに平等な権利が与えられることになった。

これはもちろん素晴らしいことだが、光が強ければ強いほど影もまた濃くなる。

社会のリベラル化が進み、誰もが「自分らしく」生きるようになれば、教会や町内会のような中間共同体は解体し、一人ひとりがばらばらになっていく。これによってわたしたちは法外な自由を手にしたが、それは同時に、自分の人生のすべてに責任を負うことでもある。リベラルな社会では、人種や身分、性別や性的指向などにともなう差別はなくなるはずだから、最終的には、あらゆることが「わたしの選択」の結果、すなわち自己責任になるだろう。

誰もが自由に生きられる社会では、至るところで「わたし」と「あなた」の利害が衝突する。東京オリンピックで、男から女に性転換したトランスジェンダーの重量挙げ選手の出場をめぐって議論が紛糾したことはその象徴だ。

社会のリベラル化はこうしたやっかいな衝突をあちこちで勃発させ、それによって政治は利害調整の機能を失い、行政は肥大化して機能しなくなっていく。だがいちばんの問題は、複雑な社会（人間関係）にうまく適応できない（一般には「コミュ力が低い」とされる）ひとたちが脱落していくことだ。

知識社会化とリベラル化が引き起こした状況を、グローバル化がさらに加速させる。国境の壁が低くなったことで、GAFA（Google, Apple, Facebook, Amazon）のようなプラットフォーマーは、世界じゅうからきわめて賢い者たちを集め（ここにはなんの多様性もない）、地域的・文化的なダイバーシティ（多様性）によってとてつもないイノベーションを生み出していく。その一方で、移民に仕事を奪われると怯《おび》えるひとたちが排外主義や陰謀論を唱え、価値観の異なる者同士が衝突を繰り返している。

わたしたちは人類史上、あり得ないようなゆたかさを実現したが、皮肉なことに、それによって人生はますます生きづらくなってしまったのだ。

ふつうに生きていたら転落する

ゲーマーは、攻略できないゲーム（無理ゲー）は「ハック」か「チート」するしかないと考える。既存のルールを無視して「裏道（近道）」を行くのだ。

同様に人生が攻略不可能だと感じたら、ゲーム世代がシステムをハックしようとするのは不思議でもなんでもない。

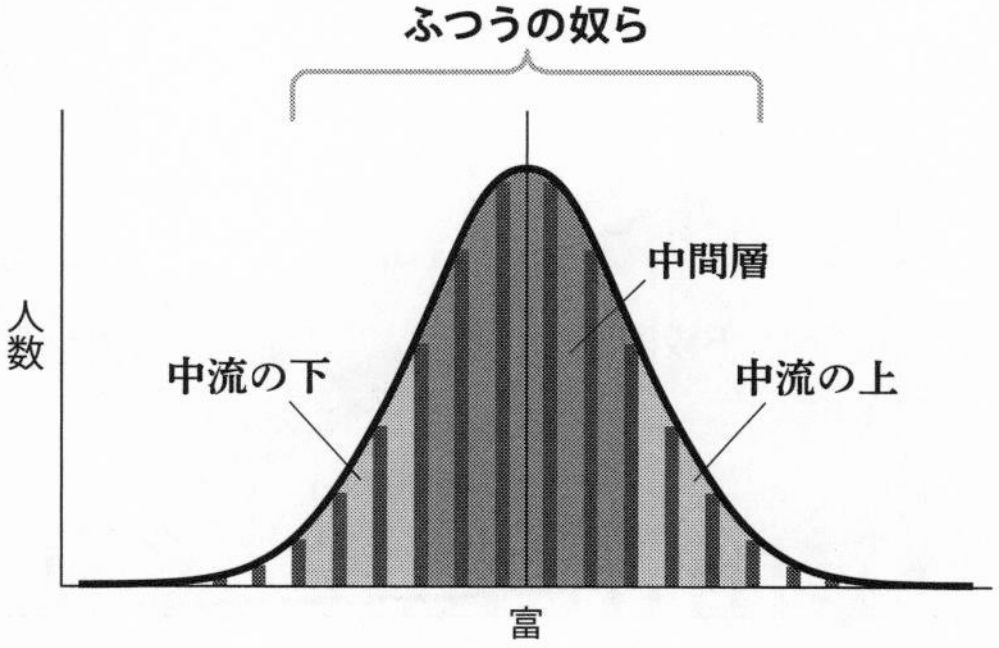

図１　ベルカーブの世界

このことを、ベルカーブ（正規分布）とロングテール（ベキ分布）で説明してみよう。

ベルカーブの世界では、平均から１標準偏差離れた範囲（偏差値では40〜60）に全体の約７割（68・３％）が収まる。これを「中間層」とするならば、その外側にいる「中流の上」（偏差値60〜70）と「中流の下」（偏差値30〜40）はそれぞれ１割強（13・55％）で、広い意味での中流は全体の95・４％になる。まさに昭和の「１億総中流社会」だ（図１）。

このような「みんながふつうの世の中」では、一所懸命勉強してそこそこの大学に入り、そこそこの会社に就職して、こつこつ働いて定年まで勤めあげれば「ふつうの生活」が手に入った。だとしたらルールから外れ、「ふつうの奴ら」とちがうことをする理由はどこにもない。

第二次世界大戦後の日本が1億総中流社会になったのは、広島・長崎に原爆を落とされ、国土が焼け野原になり、兵士・民間人含め300万人が生命を落とした敗戦と、アメリカ軍（GHQ）による占領＝民主改革によって、戦前の身分制的な社会制度が破壊された「恩恵」だった。これは日本だけでなく、歴史上、社会が平等になるのは戦争、革命、（統治の）崩壊、疫病によってそれまでの社会構造が解体され、権力者や富裕層が富を失ったときだけだ。[*4]

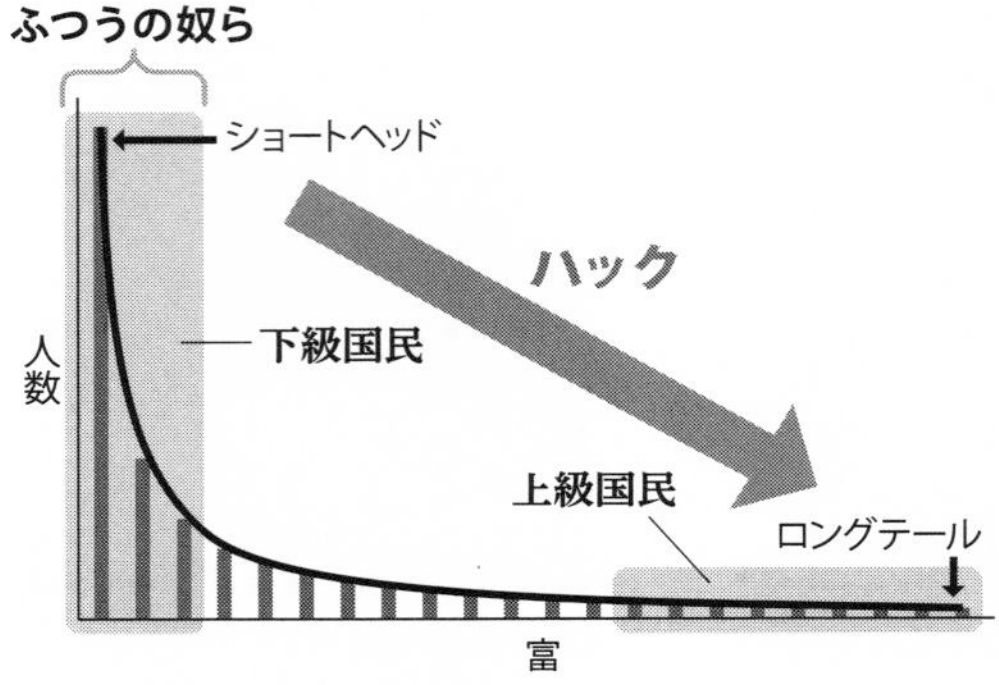

図２　ロングテールの世界

ところが平和な時代が続くと、その日暮らしの者と、わずかずつでも富を蓄積・運用する者とのあいだに差が生じ、それが積み重なることで経済格差が大きくなっていく。このようにしてなんら不正がなくても、ベルカーブは自然に崩れてロングテールになっていく。

図2を恐竜（ブロントサウルス）に見立てるなら、長く伸びた尾（テール）の端にとてつも

ない富をもつ者（イーロン・マスク、ジェフ・ベゾス、ビル・ゲイツ、ウォーレン・バフェット）がいる一方で、ほとんどの者はショートヘッド（恐竜の頭部）に集まっている。近年では、ロングテールは「上級国民」、ショートヘッドは「下級国民」と呼ばれるようになった。

ベルカーブの世界とは異なって、ロングテールの世界では、「ふつう」に生きていてはショートヘッドの「下級国民」になるだけだ。そこから抜け出すには、「ふつう」ではないことをして、ロングテール（上級国民）を目指すしかない。

このような社会・経済環境の変化によって、「ふつうの奴らの上を行く」ハックが注目されるようになったのだろう。

ハックを目指す人間／ハックされる人間

ロングテールの世界（格差社会）では、漫然と常識に従い、ルールを守っているだけではショートヘッドから抜け出せない。だからこそ現代社会では、さまざまなハックが行なわれることになる。

PART1に登場する「PUA／ピックアップ・アーティスト（ナンパ師）」は、女の脳をハックし、リバースエンジニアリングすることで「モテ格差」を克服しようとしている。

PART2では、金融市場を「ゲーム」と見なして攻略（ハック）しようとする者たちが登場する。

ハックは、個人がシステムに対して行なっているだけではない。PART3ではマシン・ギャンブリングを素材に、あらゆる企業が消費者の脳の報酬系をハックし、利益を最大化しようとする実態を見る。

テクノロジーの進歩によって強力なハックが可能になったことで、自分の脳や身体をエンハンスメント（増強）したいと考える「バイオハッカー」が現われた。PART4では、60年代のカウンターカルチャーのさまざまな社会実験が「トランスヒューマン（超人間）」の夢とつながっていることを知るだろう。

わたしたちはシステムをハックしようとしつつ、同時にシステムからもハックされている。だとしたら、そんな世界でどうやって生きていけばいいのか。PART5ではこの問いを、「ミニマリズム」と「FIRE」をキーワードに考えてみたい。

＊1　スティーブン・レビー『ハッカーズ』古橋芳恵・松田信子訳、工学社
＊2　ポール・グレアム『ハッカーと画家　コンピュータ時代の創造者たち』川合史朗監訳、オーム社
＊3　アン・ケース、アンガス・ディートン『絶望死のアメリカ　資本主義がめざすべきもの』松本裕訳、みすず書房
＊4　ウォルター・シャイデル『暴力と不平等の人類史　戦争・革命・崩壊・疫病』鬼澤忍・塩原通緒訳、東洋経済新報社

目次

プロローグ——ふつうの奴らの上を行け 3

現実は攻略不可能な「無理ゲー」 3
常識やルールの「裏をかく」 5
「高度化する知識社会」という現実 6
リベラル化で実現した生きづらい社会 8
ふつうに生きていたら転落する 10
ハックを目指す人間／ハックされる人間 13

PART1 恋愛をHACKせよ——「モテ格差」という残酷な現実 25

小田急線刺傷事件 26
PUAと恋愛工学 27
「ミステリー」と名乗る男 28

ナンパとマジックの共通点　30
ダーウィンと工学的人間観　32
自由恋愛の時代にモテる秘訣　35
スピードナンパ術という秘技　37
悪魔のようなテクニック　39
ブリトニー・スピアーズをナンパする　41
自尊心の低いスーパースター　44
ナンパ師のパラドックス　46
男の夢が実現したら……　49
「ほんとうの愛」は手に入るのか？　51
進化心理学で恋愛を説明する　53
ＰＵＡは根本的に間違っている　55
男女の性愛は「二重の選択」　57
道徳的なモテ戦略　60

女の理想は「トリプルシックス」 62
「PUAの天国」から「こわれた男たちのたまり場」へ 65
「セックス依存症」を治療する 67
情緒的近親姦 69
新しい恋愛スタイルを求めて 71
PUAから金融市場のハックへ 74

PART2 金融市場をHACKせよ——効率良く大金持ちになる「究極の方法」 79

もっとも成功した一人ヘッジファンド 80
「人生で最も幸福」なとき 82
「冒険」に魅了された少年 84
「金儲けは好きではありません。ただ、うまいだけです」 87
「中年の危機」を乗り越えて 89

ルーレットをハックする　91
ブラックジャック必勝法　93
カジノから金融市場へ　96
ワラントの理論価格を計算する　98
ノーベル経済学賞の先を行く　99
「ウォール街史上最大の資金調達マシン」の行方　102
2人の天才の共通点　104
野心的な数学者　106
アノマリーを探せ　108
シグナルとノイズ　111
「人間の愚かさ」が利益を生む　114
現代のミダス王たち　116
株式市場の「錬金術」　119
「悪のヘッジファンド」に対する聖戦　121

ＨＦＴとフロントランニング　124
30代半ばでビリオネア　126
理想と現実　128
裁判で証明された「ギャンブル必勝法」　131
ハックされる個人投資家たち　132
「ラスベガスとウォール街を制した男」のアドバイス　134

PART3 脳をHACKせよ——あなたも簡単に「依存症」になる

買い物依存症の地獄　140
「空洞」を埋める　141
デザインされた依存症　144
日本は「マシン・ギャンブリング天国」　146
謎めいた〝偶然〟の演出　148

「快感回路」の発見　150
確実な利益よりランダムな報酬　152
すべての幸福感が消えていく　154
人類の歴史上最もたちの悪いギャンブル　156
マシンが生み出すフローとゾーン　158
〈ゾーン〉が神になる　160
依存症の治療に依存する　163
サブリミナル広告と現代の脳科学　165
ニューロマーケティングと「購買スイッチ」　168
SNSに「ハマる」理由　170
大学生の半分が「ネット中毒」　173
ゲーム規制とeスポーツ　175
インターネットポルノ依存症　177
ポルノ漬け体験　179

「ポルノ脳」は治癒できるか　181
ギャンブル版のSDGs　184
大衆消費資本主義の本質　186

PART4　自分をHACKせよ——テクノロジーが実現する「至高の自己啓発」　191

「ちがう自分」という強迫観念　192
エスリンの誕生　193
ヒューマン・ポテンシャル運動　195
「意識改革」を目指す試み　198
信じられないような「超越体験」　201
自己実現した主体によって世界は進化する　203
自己啓発した主体によって成功と幸福が実現する　206
狂気にも似た時代の追体験　209

磁覚を獲得しようとするバイオハッカー　211
人工網膜で視覚を拡張する　213
エスタブリッシュメントからドロップアウト　216
サイボーグからＡＩのアバターへ　219
脳をリバースエンジニアリングする　221
脳をエンハンスメントする　223
優生学2・0とトランスヒューマニズム　225

PART5 世界をHACKせよ
——どうしたら「残酷な現実」を生き抜けるか？　229

「寝そべり族」はなぜ生まれたか　230
「恋人」が「売春婦」になる理由　231
自己啓発としてのミニマリズム　234
お金がなければ自由もない　236

絶望の理由は「貧困」ではなく「失業」 238
ＦＩ（経済的に独立した）ミニマリズム 240
ＳＮＳは「超常刺激」 242
デジタル・ミニマリズムの試み 244
ストア哲学は「究極のメンタルフィットネス・プログラム」 246
「新しい人生を始めよう。さあ、世界を変えよう――」 248
現実をゲームのように修復する 250
「よりよい世界」をデザインする 252
効果的な利他主義 254
ミニマリストの大富豪 256
お金があふれた世界 258
「富から評判へ」という革命 260

あとがき

PART 1

恋愛をＨＡＣＫせよ

——「モテ格差」という残酷な現実

小田急線刺傷事件

2021年8月6日、小田急線の電車内で36歳の男が刃物を振り回し、乗客10人が重軽傷を負う事件が起きた。男は車内に灯油をまいて火をつけようと計画したが入手できなかったため、常温では発火しないサラダ油で代用し、からくも大惨事はまぬがれた。

この男が最初に狙ったのは「勝ち組っぽく見えた」20歳の女子大生で、「大学のサークルで女性にばかにされるなどし、勝ち組の女や幸せそうなカップルを見ると殺したくなるようになった」などと供述した。

この事件に続いて、10月31日のハロウィンの夜に京王線の特急列車内で、「バットマン」の悪役ジョーカーの仮装をした24歳の男が、72歳の男性をナイフで刺したあと、ライターオイルを床に撒いて火をつけ、17人が重軽傷を負う事件が起きた。男は福岡市内で仕事を転々としていたが、年下の恋人と破局し、バイト先のマンガ喫茶で客のシャワールームを盗撮しようとしたことが発覚して警察に連行されるなどのトラブルを起こした。コールセンターの仕事を辞めたあと、大量殺人で死刑になることを考えたと供述している。

京王線事件の男は高卒だが、小田急線刺傷事件の容疑者は高校時代は成績優秀で、有名私立大学に進学した。女子生徒にも人気があったが、なんらかの理由で大学を中退し、20

代前半はコンビニなどで働きながら〝ナンパ師〟をしていたという。

ナンパ師はアメリカではPUA（ピックアップ・アーティストPickup Artist）と呼ばれ、それが2010年代に「恋愛工学」として日本に移植された。

PUAと恋愛工学

渡辺は慶応大学を出た20代後半の弁理士で、広告代理店に勤めている麻衣子《まいこ》という恋人がいる。ところが麻衣子にはほかにつき合っている男がいて、30万円もするブランドもののバッグを買わせるためだけに、たまに渡辺と身体の関係をもっていた――というエピソードから、藤沢数希《ふじさわかずき》の『ぼくは愛を証明しようと思う。』は始まる。[*1]

麻衣子に振られてから、渡辺は性風俗店に通いはじめた。それ以外のときは一人で自宅に帰り、DVDを観てツイッターで有名人を揶揄《やゆ》し、無料のポルノ動画でオナニーをして一日が終わっていった。インターネットの匿名掲示板では、モテない男は「非モテ」と呼ばれる。渡辺は、自分が非モテであることを受け入れざるを得なかった。

そんな渡辺を見かねて、友人がキャバクラに誘ってくれた。待ち合わせの六本木のバーに行くと、ファッションモデルのような「ものすごい美女」3人組がいた。

そこに、男が入ってきた。「派手なTシャツの上に、黒のジャケットを羽織った」男は、美女3人組に向かってすたすたと歩いていくと、たちまち話題の中心になり、15分もたたないうちにそのなかでもいちばんの美人とキスを始めた。

それから男は、美女の手を払いのけ、「ごめん。これから会議で行かなきゃいけないんだ。どうしたらまた会えるかな?」と訊いた。女は、「だったら電話して」と連絡先を渡した。

そのとき一瞬、男と目が合って渡辺は仰天した。それはクライアントの一人で、ふだんは真面目そうな永沢だったのだ。

こうして渡辺は、永沢の指導で「恋愛工学」を学ぶことになる。そして、さまざまなメソッドを習得することで非モテを脱し、やがて東京が「無料のでっかいソープランド」になる——という物語だ。

じつはこれは、まったくのフィクションというわけではない。渡辺が学び実践する恋愛工学は、アメリカのPUAたちの技法を日本向けにカスタマイズしたものだからだ。

「ミステリー」と名乗る男

ニール・ストラウスは30代前半の音楽ライターで、『ローリングストーン』誌でミュージシャンのインタビューなどをしていたが、恋愛にはまったく縁がなかった。身長は平均より低く、髪は頭頂部から薄くなりはじめ、顔のわりに鼻が大きすぎ、どんなに食べても栄養失調みたいにガリガリだった。高校ばかりか大学でも童貞で、社会人になって初体験は済ませたものの、一夜限りのはずだった関係を2年越しの関係に引きずっていた。「これを逃せば次はいつになるかと思ってしまった」のだ。

そんなニールのところに、編集者から電話がかかってきた。インターネットで“The How-to-Lay-Girls Guide（女とヤるためのガイド）”という150ページにもなる文書を見つけたが、そのままでは本にならないので、書き直しと編集をやってほしいとの依頼だ。そのガイドは、10年ちかくにわたってさまざまなナンパのメソッドを掲示板で交換しながらつくり上げたものだという。

ニールはずっと、文学を書きたいと思っていた。ナンパ本などになんの興味もなかったが、読みはじめたとたん、衝撃が「体を突き抜け」人生が一変した。そこには、どのようにすれば出会ったばかりの女とベッドインできるかが理路整然と説かれていたのだ。

ちなみに英語では、ナンパのことをPickup（ピックアップ）という。PUAは自分たちを、「ナンパのアーティスト」と自称していた。女を口説くのは「アート」なのだ。

藤沢はこの手法を日本向けに翻案し、「恋愛工学」という卓抜なネーミングをした。「アート」よりも「工学」がふさわしいのは、PUAがやっているのが「女の脳のリバースエンジニアリング」だからだ。

リバースエンジニアリングは、設計図や仕様書のない状態で、機械を分解したり、ソフトウェアの動作を調べたりして、どのような仕組みになっているのか解析することをいう。PUAや恋愛工学では、女の脳を「プログラム」と見なし、どんなアプローチをすればどのような反応をするのかのデータをSNSなどで共有しながら、最短距離でベッドへと誘い込むよう操作・誘導する。――女性の読者はこのあたりで強烈な拒否感を抱くにちがいないが、もうしばらくおつき合いいただきたい。

ニールは手始めに、500ドル払って「ミステリー」と名乗る男のセミナーに参加した。この体験がニールの人生を変えたのは、ミステリーが独自のメソッドで美女を自在に操り、モノにしていく様子を目の当たりにしたからだ。

ニールがミステリーに弟子入りしてからの2年間の冒険を描いた"The GAME: Penetrating the Secret Society of Pickup Artists"『ザ・ゲーム　ピックアップ・アーティストたちの秘密の社会に〝挿入〟する』は大きな評判を呼び、250万部を超えるベストセラーになって、この特異なサブカルチャーを世に知らしめた。[*2]

ナンパとマジックの共通点

ニールがミステリーに会いにハリウッドのホテルを訪れたとき、そこにいたのは「カジュアルな、だぶっとしたブルーブラックのスーツを着て、先のとがった小さなピアスを唇からぶら下げ、爪は全部真っ黒に塗られている」男だった。「そんなに魅力的な男には見えなかったが、背が高く細い体型、長い栗色の髪、高い頬骨、血の気のない青白さからは、妙なカリスマが感じられた。吸血鬼に噛まれて姿を変貌させている途中のパソコンオタクとでもいった感じだ」と描写されている。

ミステリーは1971年にカナダ、トロントに生まれ、当時は30歳をすこし過ぎたあたりで、本名をエリック・フォン・マルコヴィクという――Erik von Markovikで検索すると画像がたくさん出てくるのでイメージしやすいだろう。ニールは1969年生まれ（1973年生まれの記述もあり）でほぼ同世代になる。

『ザ・ゲーム』の主人公として有名になったあと、ミステリーは自らの理論を"The Mystery Method: How to Get Beautiful Women into Bed"『ミステリー・メソッド　美しい女たちをベッドに連れ込む方法』にまとめ、[*3] 2007年と08年の2シーズンにわたってケーブルTVのリアリティ番組"The Pickup Artist（ピックアップ・アーティスト）"のホストとして非モテの参加者を自ら指導してみせた。

ミステリーことマルコヴィクは高校まではゲームに熱中する内気な若者で、女の子とのつき合いもほとんど経験したことがなかった。その後、手品（マジック）に夢中になったのは、他人とかかわるときに「マジシャン」という仮面をかぶれるからだった。

10代後半でレストランやラウンジ、クルーズ船などでマジックショーをやるようになると、人間関係は「ルーティーン（決まった科白《せりふ》や行動）」であることにマルコヴィクは気づいた。「マジックをご覧になりませんか？」などとテーブルに近づいても、体よく断られるだけだ。マジシャンには、部屋に入った瞬間からどのように客の注意を引くかの厳密なセオリーがあり、そのルーティーン（台本）どおりにやれば客は予想どおりの反応をする。マジックそのものもルーティーンの集積でできている。台本どおりの口上や訓練された手の動きなどによって、観客はたんなるトリックを魔術であるかのように驚く。

こうした体験からマルコヴィクは、女性を口説くときにもマジックと同じルーティーンが使えるのではないかと考えるようになった。そこから10年の試行錯誤を経て、ほぼ独力で開発したのがミステリー・メソッド（ヴィーナスアート）だ。

ダーウィンと工学的人間観

ニールはマルコヴィクのことを、「この男は、ピーナッツをガソリンに変えるためにえんえん数式を並べ立てているマッドサイエンティストみたいに、ナンパのことばかり考え続けている男だ」という。「女という暗号」を解読するために2500ページ以上ものメッセージをネットコミュニティに投稿し、ナンパとはコンピュータプログラムみたいなものだと弟子たちに説いていた。

マルコヴィクは高卒（あるいは高校中退）で科学の専門知識を学んだことはないだろうが、自分の理論を進化論で説明できることに気づいていた。

ダーウィンは、あらゆる生き物は、与えられた環境のなかで生存と生殖に最適化するよう進化したと考えた。その後、DNAの仕組みが明らかになると、進化論は「生き物の機能や行動は自らの遺伝子をもっとも効率的に複製するよう最適化されている」と精緻化され、数学的に記述できるようになった。

リチャード・ドーキンスは、遺伝子を擬人化するというアクロバティックな論理で現代の進化論をわかりやすく説明し、「利己的な遺伝子」を流行語にした。[*4] われわれは遺伝子が設計したヴィークル（乗り物）にすぎず、ただそのことに気づいていないだけなのだ。

そのように考えれば、女の脳も「生き延びること（Survive）」と「子孫を残すこと（Replicate）」という「SR価値」を最大化するよう進化したはずだ。この「設計」は、現代社会ではなく、人類が進化の過程の大半を過ごした旧石器時代にプログラミングされた。だとすれば、このプログラムを〝ハック〟して、あたかも「SR価値」が高いかのように自分を〝偽装（擬態）〟することで、女（の脳）を惹きつけられるはずだ。

「われわれは原始時代の脳でアスファルトジャングルを生きている」というのが進化心理学の考え方だが、ミステリー[*5]（マルコヴィク）は自身の体験から同じ結論に達し、①旧石器時代の女の脳の〝魅力回路〟はどのような仕組みになっているのか、②そのプログラムにどのような情報をインプットすると「セックス」がアウトプットされるのか、を解明しようとしたのだ。

ミステリーは、自らの思想をこう述べている。

問題を複雑にしているのは、一見この社会が混沌としているように見えることだろう。だが、こういうふうに考えてみてほしい。すべての人間は、洗練された行動システムが組み込まれた美しくエレガントな「生ける機械」であり、「生き延びる」チャンスと「子孫を残す」チャンスを最大化することを目指し、他人とパートナーになろうとする本能を刻み込まれているのだと。そうすれば、人類やその中で自分の置かれている立場も理解できるようになる。

この「工学的人間観（ソーシャル・ダイナミクス）」では、ナンパは、女の脳に正しい「入力」をして望ましい「出力」を引き出すアルゴリズムとして記述できるのだ。

自由恋愛の時代にモテる秘訣

1970年にエリック・ウェバーが"How to Pick up Girls!（女の子をピックアップする方法）"を出版し、Pickup（ナンパ）という言葉を定着させた。[*6] それから30年後、ニール・ストラウスはこの神話的人物に会いにいった。ウェバーは広告のクリエイターとして成功し、ナンパ本を書いた頃に知り合った女性と結婚して、2人の娘のいる家庭を築いていた。

ウェバーがナンパ術を会得しようとした背景には、60年代アメリカの大きな文化的変化があった。

それまでは、若者たちは教会の集まりのような地域のコミュニティで相手を見つけ、結婚していた。ところが60年代になると、大学進学や就職で親元を離れ、都会で一人暮らしをするようになる。女性たちはピルを飲みはじめ、カウンターカルチャーやヒッピー・ムーブメントが社会を揺るがせ、カジュアルセックスが当たり前になった。

このライフスタイルの変化によって自由恋愛の時代が到来し、都会の若い男たちは、独身者用のバーやパーティ会場で女性と出会い、会話し、恋愛関係をつくらなければならなくなったが、誰もその方法を教えてくれなかった。

そんなときウェバーは、一緒にコピーライターの見習いをしていた友人が、公園で魅力的な女性に声をかけ、やすやすと金曜のディナーの約束を取りつけるのを見た（友人はその夜に処女の彼女とセックスまでしていた）。

見ず知らずの女性を和ませる友人の天性の会話力に驚いたウェバーは、自分も同じことができるようになりたいと思った。そして、「スチュワーデス、モデル、タレント、OL、秘書、編集者、学生」など「独身の可愛い、ギャルたち」にインタビューして、彼女たちが男に何を求めているかを語ってもらった。

ウェバーが発見したのは、「女のコは、声をかけられるのを、いまかいまかと待っている」ことだった。

ナンパについてボニーは、「どんな女のコだって喜んじゃうわ。当然じゃない」といい、リンダは「あったりまえよ。ステキな男のコと知り合う絶好のチャンスじゃない。だいいち、いちばんスマートなきっかけだわ」とこたえた。いまなら違和感があるかもしれないが、1960年代末のアメリカでは、都会で一人暮らしをする女性たちもパートナーと出会う機会を積極的に求めていたのだ。

ウェバーは、どれほど幸福そうに見えても、女の子たちが満たされない思いを抱いていることに驚いた。半世紀以上前の「魅力的な女性」の言葉は、現代とまったく変わらないだろう。

私はいつも淋しいわ。女のコって、みんなそうじゃないかしら。私たちはみんな孤独でしかも退屈しているのよ。いつも不安定な人間関係に囚《とら》われて、疲れてもいるし。楽しい人間関係が生まれたらうれしいわ。私は望まれている、とか、愛されているとか思いたいのよ。だからこそ多くの女のコは、いつも新しい男性との出会いを求めているのよ。

こうしてウェバーは、「自分に自信がなく、愛されたいと思っている等身大の女の子たち」が望むような男になることが、モテる秘訣だと説いたのだ。

スピードナンパ術という秘技

1970年代のナンパ術が「女が望むような男になる」だとすれば、その流れを大きく変えたのがロス・ジェフリーズという「背が高くガリガリで、あばた顔で自他ともに認めるオタク」だった。ニール・ストラウスによれば、現代のナンパ・テクノロジーは、1988年にジェフリーズが生み出した「スピードナンパ術」から始まった。

非モテの若者だったジェフリーズは、認知心理学者・言語学者のジョン・グリンダーが心理学部の学生リチャード・バンドラーとともに開発したNLP（神経言語プログラミング

Neuro-Linguistic Programming）に衝撃を受けた。グリンダーとバンドラーは、ミルトン・エリクソンの「アルファ催眠」を徹底的に研究し、マニュアル化したのだ。

エリクソンは20世紀のアメリカでもっとも大きな影響力をもった心理療法家で、その催眠技法はこう説明されている。[*7]

彼（エリクソン）は、伝統的な催眠技法とちがって、振り子などのそれらしい小道具も、奇妙な舞台装置も、いっさい用いません。だれもがしているごくふつうの日常会話を交わしているうちに、相手を、いともたやすくトランス状態に誘導してしまいます。「私は絶対に催眠なんかにかからないぞ」と頑強に抵抗する人も、博士の手にかかると、なんなくトランスに入ってしまうのでした。

あいての「頑強に抵抗する力」を逆に誘導に利用してしまったのです。ちょうど、すぐれた柔道家が、相手の力を利用して技をかけるように。


バンドラーとグリンダーはエリクソンの催眠を記録した映像や講演をもとにそのテクニックを解明し、NLPとして体系化した。2人のセミナーには、「教育、指導、販売、プレゼンテーション、説得」などに催眠を利用したいひとたちが押し寄せた。

ジェフリーズもその一人で、目的はピックアップ(ナンパ)への応用だった。そして、「五年間にもわたってセックスレスの生活を送りながら」、何気ない日常会話を通じて女性の潜在意識にはたらきかけ、自在に操る「スピードナンパ術」を完成させたのだ。

悪魔のようなテクニック

NLPでは、わたしたちは無意識のうちに、世界を自分なりの「フレーム(額縁)」で見ていると考える。世界(社会)はあまりにも複雑で、脳のかぎられた認知能力ではすべての情報を処理できない。だとしたら、フレームの位置を動かすことで、ひとの認知や感情に影響を及ぼすことができるはずだ。

この考えは異端の説ではなく、現在では認知療法としてうつ病や不安障害の治療に使われ、心理療法(セラピー)の主流になっている。心理学者のキャロル・ドゥエックが提唱して有名になった「マインドセット」は、NLPの「フレーム」を言い換えたものだ。

脳は、フレームのなかのものは重要だと感じ、フレームの外側はどうでもいいものとして無視する。だとしたら、女性の関心を惹くためにはまず、自分を相手のフレームに入れなければならない。これがすべてのPUAの基本だ。

ジェフリーズはニールの目の前で、レストランのウェイトレスを相手にNLPを実演してみせた。*8

なにげない雑談から、「誰かに心の底から惹かれたとき、どうやって気づく?」という恋愛の話に展開し、ウェイトレスが「なんだかドキドキするような、妙な気持ちになるわ」と答えると、ジェフリーズは、手のひらを彼女の腹のあたりからゆっくり心臓の高さまで上げ、「君がもっと惹かれていくにしたがって、もっとドキドキしてくるはずだ」と囁《ささや》いた。そうやって2~3分、エレベーターのように手のひらを上下させ、催眠術をかけるように語りかけると、彼女の瞳は陶酔しているようになり、頰がどんどん赤らんできた。

ウェイトレスが、前の彼氏は子どもっぽくて別れたと話すと、ジェフリーズはそれを見逃さず、「じゃあ、君はもっと大人の男とデートしなくちゃな」といった。

「ちょうどそう思ってたのよ。あなたみたいな大人の人とって」と彼女が笑うと、「君がこのテーブルに来たときから、君が惹かれるのは私しかいないって思ってたよ」と〝洗脳〟し、あっさりデートの約束をとりつけた。ウェイトレスは最後まで、「変なの」「あなたはあたしのタイプじゃないのに」といっているにもかかわらず。——このテクニックを見たPUA志望の男は「悪魔だね」といった。

ジェフリーズは1990年代に『プレイボーイ』誌の三行広告でスピードナンパ術のセミナーを告知する一方で、普及しはじめたばかりのインターネットでも売り込みを行なった。真っ先にこれに反応したのがハッカーたちで、オンライン会議室に自分たちのナンパ体験（フィールドレポート）を公開し、そこで生み出された数々のテクニックがマニュアル化され、共有されていった。

ミステリーは、そんなインターネットのサブカルチャー（国際的なナンパアーティストの秘密結社）が生み出したヒーローだった。

ブリトニー・スピアーズをナンパする

ミステリーは2000年代はじめに、オンライン上のPUAコミュニティに彗星のように登場し、数々のフィールドレポートを発表して、その圧倒的な成功率でたちまち注目を集めた。出会いからベッドインまでをフローチャートのようにルーティーン化するミステリーのメソッドは、催眠を使ったジェフリーズの手法とはまったく独立に開発されたもので、それ以外にも「横柄さとユーモアの組み合わせ」で女性を支配するとか、「動物並みの性欲」をアピールしてスキンシップをエスカレートさせていくとか、さまざまな流派が登場した。

非モテであることにコンプレックスを抱いていたニールは、有名音楽雑誌『ローリングストーン』のライターという肩書を使って多くのナンパ師とつき合った。ありとあらゆるテクニックを収集して、自分を「最高のPUAたちのパーツを組み合わせて設計されたナンパマシーン」につくり変えようとしたのだ。

仕事もなにもかも放り出して、スキンヘッドにスタイリッシュなジャケット、指輪やネックレスなどのアクセサリー、さらにはフィットネスで「自己改造」したニールは、半年もたたないうちに、ミステリーから相棒と認められる最高クラスのPUAに出世し、「スタイル」と名乗るようになった。

ニールはその後、PUAコミュニティについての記事を『ニューヨーク・タイムズ』に寄稿して大きな評判になり、それを読んだトム・クルーズから『ローリングストーン』誌のカバーストーリーのインタビュアーに指名された（その後、トム・クルーズはハリウッドのセレブが集まるサイエントロジーのパーティにもニールを招待した）。

PUAの知名度を上げ、自らも有名人の仲間入りをしたニールは、ミステリーや仲間たちとともにハリウッドに豪邸を借り、「プロジェクトハリウッド」と名づけて自分たちのメソッドをビジネスにしようとした。この豪邸には一時期、ニールがインタビューで知り合ったコートニー・ラブ（グランジ・ロックの代表的なバンド「ニルヴァーナ」のボーカリスト、カート・コベインと結婚して一児をもうけたが、コベインの自殺のあとさまざまなトラブルを引き起こした）が転がり込んできたこともあった。

そんなめまぐるしい出来事のなかでも、ニールにとって大きな出来事はブリトニー・スピアーズへのインタビューだった。２０００年代はじめだから、ブリトニーが20歳を過ぎてセクシー路線に転換し大成功した頃で、まさに「世界でもっとも有名な女」だった。

だがそのインタビューは、なにを訊いても「よく分かんない」「えっ、何？」の気のない言葉が返ってくるだけだった。インタビューを成功させるには彼女を口説くしかないと決めたニールは、質問リストを折り畳んで尻のポケットに入れ、ＰＵＡの「スタイル」に変身する。

「君のことで、ほかのヤツらがおそらく知らないことを教えてあげよう」と、ニールは話しかけた。「人々はときに舞台裏の君を内気だとか不機嫌なヤツだと見ているよね。実際はそうじゃないのに」

「そのとおり」とブリトニーはうなずいた。

「君がしゃべるときの瞳を見ていたんだけど、君は何か考えるたびに視線が下がり、左に行く。これは君が運動感覚的な人物ってことだ。感情で生きるタイプの人間だ」

「驚いた」と彼女はいった。「そのとおりよ」

これは「目の動きから思考パターンを読み取る」ＮＬＰのテクニックで、ミステリーはそれを「価値証明のルーティーン」に発展させていた。ニールがさまざまな視線の読み方を教えると、ブリトニーは「心理学の授業を受けなくちゃ」と真剣になった。ニールの「ゲーム」が始まった。

自尊心の低いスーパースター

ニールはブリトニー・スピアーズを簡単な心理ゲームに誘った。紙に1から10までの数字のどれかを書き、直感を信じてその数字を当てるというものだ。

この場面はPUAのテクニックがよくわかるので、全文を引用することにしよう。

俺は紙切れに数字を一つ書き、彼女の目の前に差し出した。

「さあ、言って」俺は言った。「最初に感じた数字だ」

「間違いだったら?」彼女は言う。「たぶん間違ってる」

これは俺たちが現場でLSEガールと呼ぶものだ。つまり自尊心が低い(Low Self Esteem)。

「何だと思う?」

「七」彼女は言った。

「じゃあ、紙をめくってごらん」俺は言った。

彼女はそろそろとめくる。見るのを怖がっているかのように。そして目の高さまで持ってきて、自分を見返すでかでかとした数字の七を見た。

彼女は叫び声を上げ、弾けるようにカウチから飛び上がると、鏡に向かって走って行った。映った自分に目を合わせながら、ぽかんと口を開けている。

「信じられない」鏡の中の自分に言った。「やったわ」

まるで目の前で起きたことが真実であると確信するために、鏡で自分を確認しなければならないかのようだった。

「わぉ」息巻いて言った。「やったわ」

彼女はまるでブリトニー・スピアーズに初めて会えた少女のようだった。彼女は自分自身のファンなのだ。

これはミステリーが開発したナンパトリックのひとつで、決断をせかして適当な数字を選ばせた場合、70%の確率で数字は「七」になる。ニールはその可能性に賭け、見事に「当たり」を引いたのだ。

その後、ブリトニーはテープレコーダーを止めさせて、魂について、書くことについて、人生についてニールと語り合った。

インタビューが終わると、ブリトニーはニールの肩に触れ、顔一面の笑みを浮かべていった。

「番号を交換したいんだけど」

ニールはブリトニーのフレームを動かし、それまで存在しないも同然だったさえないインタビュアーを、「大事な秘密を打ち明けられる男性」としてフレームの中心に移すことに成功した。無意識へのこの操作は、ブリトニーのLSE（低い自尊心）を利用すれば簡単だった。

ブリトニー・スピアーズはその後、結婚と妊娠・出産、離婚を繰り返し、成年後見人として資産を管理するようになった父親と裁判沙汰を起こすなど世間を騒がすことになるが、ニールの〝ナンパ〟はそんな彼女の将来をも予見しているようだ。

こうしてブリトニーをピックアップすることに成功したニールだが、何度も逡巡《しゅんじゅん》したものの、その番号に電話することはできなかった。

ナンパ師のパラドックス

「どうやって女の子に声をかければいいか」のテクニックが求められたのは、第二次世界大戦後に到来した「とてつもなくゆたかな社会」で古い共同体が解体し、若い男女を仲介する機能を失ったからだった。だがその後、催眠術や心理学を取り入れたナンパ術が登場し、より強力になってゲーム性を増していく。１９９０年代になると、インターネットのサブカル・コミュニティがこうした傾向に拍車をかけた。

こうしてナンパは、恋愛や結婚のための最初のステップから、徐々に異形のものになっていく。

ＰＵＡのあいだでは、女は「10点満点」を頂点に数値化され「ブロンドの８・５」「ブルネットの９」などと表現されるようになった。ネットコミュニティでは、より点数の高い女をナンパした（電話番号を受け取る／ベッドインする）者がより高く評価された。「最高のＰＵＡ」の称号を手にするには、ハイレベルの女とできるだけ多くセックスしなければならない。このようにして、女は、「自分がナンパアーティストとしてどれだけ進歩したかを知るための単なる指標」になっていったとニールは述懐する。恋愛の対象ではなく、「衝突実験用のマネキン」であり、「髪の色と数字によってのみ識別される存在」なのだ。

藤沢の恋愛工学においても、女は偏差値によって「Ｓ」「Ａ」「Ｂ」「Ｃ」に格付けされ、Ｃクラスは対象外で、Ｂクラスをセフレとして Ａクラスや Ｓクラスを口説くことを目指す（Ｂ＋やＢ－のようにより細かく格付けされることもある）。――日本のナンパ界隈でも、女性の外見を10点満点で評価する「スト値（ストリートナンパ値）」が使われている。

『ぼくは愛を証明しようと思う。』の主人公・渡辺は、恋愛工学を身につけたことで複数の「Bクラス」と交際できるようになった。取引先の大手電機メーカーのキャリアウーマンである玲子《れいこ》（Aクラス）を口説くことに成功し、次いでSクラスのモデル英里香《えりか》とつき合いはじめる。

だが玲子との関係を切ったことでセクハラだと訴えられ、会社をクビになってしまう。なにもかも失った渡辺は伊豆を旅行し、そこで出会った直子《なおこ》という素朴な女の子に惹かれ、「ひとりの女を愛すること」を学ぼうとするが……と話は展開する。

こうした事態は、PUAのあいだでは「ナンパ師のパラドックス」と呼ばれている。100人を超える女をナンパすると、「出会う女はみな、使い捨てや交換が利く」ように感じてしまう。その結果、「ナンパ師として磨かれれば磨かれるほど、女への愛を失っていく」のだ。

ニール・ストラウスはこう書いている。

ナンパの副作用として、異性を見る目が変わってしまうという点があげられる。あまりに多くの裏切りや、嘘や、不貞を目にすることになるからだ。もし女が結婚三年目かそれ以上なら、たいてい独身の女よりも簡単に落とせることが分かるだろう。もし女に彼氏がいたら、あとで電話をもらうよりもその夜のうちにファックできる可能性のほうが高いことが分かるだろう。君も気づき始めているだろう。女とは、男と同じくらいワルなのだ。単に隠すのがうまいだけだ。

男の夢が実現したら……

美女からモテまくり、出会った女を次々とベッドに誘い込むのは男の夢だろうが、それが現実のものになったらなにが起きるのか。

ミステリーはPUAの頂点に立ち、これまで1000人を超える女をナンパしてきたが、ニールと出会ったときはトロントのアパートで両親と姉夫婦と暮らし、姪の世話をしていた。ルーマニアからやってきたパトリシアというストリッパーとつき合っていたが、正式に結婚して子どもを産みたいという彼女との関係がこじれていた（その後、別れた）。「プロジェクトハリウッド」で豪邸に住むようになると、そこに転がり込んできたカチャというパーティガールと恋仲になり、ラスベガスでプロポーズした（結婚はしなかった）ものの、やがて彼女との関係もこじれはじめた。「ミステリーはナンパに必要なすべてを独学で学んできたが、関係を維持することについてはからっきしだった」のだ。

浮気の腹いせにカチャが同じ家に住む別のPUAと交際しはじめると、終わりのない痴話喧嘩が始まり、ミステリーの精神は崩壊し、2日間ぶっとおしで泣きつづけた。見かねたニールはミステリーを車に押し込むと、ハリウッド・メンタルヘルスセンターに連れていった。そこでミステリーは、統合失調症の薬を処方された。

うつ状態から回復したミステリーは、「未来の妻」をナンパし、今度こそほんとうに結婚するつもりでトロントから母親と姉を呼んだ。ミステリーが「完璧」というアニアはやはりパーティガールで、「金髪に染めた小柄な女で、体に不釣り合いな胸をし、そのハロウィンの干しリンゴのような顔つきが、パトリシアやカチャと同様、東欧系の血を表わしていた」。

ミステリーの父親は〝アル中〟のドイツ移民で、子どもたちに言葉の暴力のみならず肉体的にも虐待を加えた。14歳年上の兄はゲイで、母親はそのことに責任を感じて長男を溺愛した。22歳でまだ童貞だったミステリーは、自分もゲイなのではないかと不安を感じ、憂鬱の発作に襲われながら、独自のナンパ術を開発しはじめた。その後は、「両親からけっして得られることのなかった愛情を追い求めることに生涯を捧げるようになった」のだと周囲に説明していた。

そんな彼は〝イルージョニスト〟として有名になって、「みんなが俺をうらやみ、女たちが俺を欲しがり、男たちが俺になりたがる」成功をこころの底から求めていた。

ニールが『ニューヨーク・タイムズ』の記事でミステリーを紹介すると、興味をもったリアリティショーの関係者から打診があり、なかには『アメリカンアイドル』（ケリー・クラークソンなどを輩出して大成功したオーディション番組）のプロデューサーもいたが、ミステリーは契約書が送られてきても返事をしなかった。

ニールがその話をミステリーの姉にすると、「以前にもこういうことがあったの」とため息をついた。「もう少しでやり遂げようとするたびに、彼はおかしくなって全部投げ捨ててしまうの」

姉は、「あんなにも望んでいる成功を、実際は恐れているのよ」といった。

母親は、「あの子は女の子がすべてだと思っているけど、そうじゃないの。問題はあの子の自尊心の低さにあるのよ」とニールにこぼした。

家族はミステリーを愛していたが、どこが間違っているかを正確に理解していたのだ。

「ほんとうの愛」は手に入るのか？

ピックアップアートにひっかかるのは「バカな女」だけだと思われているが、それはちがうとニールはいう。NLPにせよ、ルーティーン化されたフローチャートにせよ、いずれも会話を通じて相手の（無意識の）フレームを操作するのだから、話の内容を理解し、会話に応じられなければなんの効果もない。自分にはPUAなどなんの効果もないと思っているという「教養のある女」の方が、いつのまにか夢中になっているという。

しかしそうはいっても、ミステリーたちが「ピックアップ」してくるのは、外国からアメリカにやって来たり、地方からロサンゼルス、ラスベガス、マイアミなどに出てきて、パーティガールやセクシーモデル、ガールズバーのバーテンダーをしている女ばかりだった。彼女たちは平均以上の魅力をもっていて、周りの男たちの憧れなのかもしれないが、その現実は夢見たものとはずいぶんちがっていた（目標はスーパーモデルやハリウッド女優なのだ）。

PUAはそんな女に近づくと、傷ついた自尊心をほんのすこし刺激する。「その髪型なんていうの？　ワッフル？」「しゃべると鼻がぴくぴくしてかわいいね！　何かしゃべってみて」などは「ネグ」と呼ばれ、関心を引きつけて会話をはじめる「オープナー」の基本技術だ。

魅力的な女は男から声をかけられることに辟易《へきえき》しているが、だからといって「出会い」を拒絶しているわけではない（もしそうならパーティにやって来ないだろう）。

彼女たちは大きなエロティック・キャピタル（エロス資本）をもっているものの、それに見合った成功を得られているわけではないので、つねに満たされない思いを抱き、コンプレックスに苛《さいな》まれている。その強烈な承認欲求を満足させ、安心して「いい気分」にさせてもらえると（無意識が）思えば、こころも身体も開いてくれるのだ。

だが、この手法には根本的な限界がある。ひとつは、オープナー（会話のはじまり）からの流れが完璧にルーティーン化されていることで、PUAのテクニックが広く知られるようになると、男たちはみなマニュアルどおりにナンパしはじめた。――こうした事情は日本でも変わらないらしく、若い女性ライターに話を聞いたら、「まったく同じセリフで声をかけてくる男ばっかりで気持ち悪い」といっていた。

もうひとつはさらに深刻で、PUAのマニュアルはオープナーからセックスに持ち込むまでの方法は教えてくれるが、その先についてはなんのアドバイスもしてくれない。

こうして、「ほんとうの愛」を求めたミステリーは精神の崩壊寸前まで追い込まれることになった（女性読者はいい気味だと思っただろう）。

ニールも同様にこの泥沼にはまりこんだが、それがどうなったのかはあとで紹介するとして、この問題を進化心理学の立場からさらに考えてみよう。

進化心理学で恋愛を説明する

１９６５年生まれのジェフリー・ミラーはニューメキシコ大学准教授で、メイティングMatingの進化論的起源を探る研究で知られている。[*9] ２００８年には、「排卵期のラップダンサーはより多くのチップを稼ぐ」という研究でイグ・ノーベル賞の経済学部門を受賞した。

そのミラーは2015年、作家のタッカー・マックスとの共著で“Mate: Become the Man Women Want”『メイト　女たちが望む男になる』を出版して話題になった。[*10]

Mateは日本語にするのが難しい言葉で、クラスメイトやルームメイトのように「仲間」「相棒」の意味で使われ、夫や妻をmateと表現することもある。動物行動学では、「つがい行動」をmatingという。翻訳では「恋人選び」「パートナー探し」などが使われるが、mateには「相手から選ばれる」ことも含まれる。

進化論では、オスとメスでは生殖におけるコストに大きなちがいがあり、「オスが競争し、メスが選択する」のが哺乳類の基本形だとする。霊長類や類人猿はみなこのパターンで、もちろんヒトも同じだ。

男はほぼ無尽蔵に（きわめて低いコストで）精子をつくることができるのに対し、女はいったん妊娠すれば出産まで9ヵ月かかり、その後も乳幼児を育てるのに多大の労力が必要なのだから生殖のコストはきわめて高い。そうなると当然のことながら、コストが高い（稀少性のある）側が、コストの低い（いくらでもある）者のなかから、自分に最適なパートナーを選ぶことになる。

男にとってmatingは「恋人選び」ではなく、「恋人として選ばれること」だ。そこで、日本語としてはこなれていないが、ここでは「メイティング」と表記することにする。

進化心理学者のミラーがメイティングの本を書こうと思ったきっかけは、感謝祭のディナーで、高校生や大学生の従兄弟たちにセクシャリティについての自分の研究を話したことだった。

彼らはキリスト教原理主義者だったり、無神論者だったり、熱心な共和党支持者だったり、リベラルの最先端を走っていたりしたが、それでもひとつだけ共通することがあった。デートとセックスについて致命的な勘違いをしていることだ。

従兄弟たちがデートのバイブルにしていたのが、作家タッカー・マックスの"I Hope They Serve Beer in Hell（地獄でビールを出してくれればいいのに）"や"Assholes Finish First（クソ野郎が一番になる）"などのベストセラーだった。

PUAは根本的に間違っている

1975年生まれのタッカー・マックスは、シカゴ大学を飛び級で3年で卒業したあと、デューク大学のロースクールを修了したものの法律の道へは進まず、ブログにパーティやバー、クラブでの「酒とバラの日々」の体験を書いて人気を博した。

アメリカの大学にはフラタニティ（fraternity）と呼ばれる男子大学生の友愛クラブがあ

り、そこが主催するパーティが学生たちの出会いの場になっている。マックスの作品は、これに「風刺（satire）」を結びつけた「フラティア（Fratire）」という、若い男のための新しい青春文学を創造したと評価された。――マックスは、自分が大学でどのフラタニティにも所属していなかったとしてこの名称を嫌っている。

マックスは100人を超える女性とセックスしたが、PUA用語で「アルファ」「ナチュラル」と呼ばれる天性の「モテ」で、メソッドにはいっさい頼らなかった。どんなパーティでも目立つ華やかさとユーモアのセンスがあり、魅力的な女たちが向こうから集まってくるのだ。

従兄弟たちがマックスの信奉者であることを知ったジェフリー・ミラーは、学会のついでに、テキサス州オースティンに住むマックスに会いに行った。マックスはそこで、妻と3人の子どもたちと暮らしていた。

ミラーから、自分の本がデートのバイブルになっていると教えられたマックスは仰天した。たしかに若い頃の酒池肉林の日々を描いたが、それは「笑える失敗談」の類で、「こんなバカなことはやらない方がいい」というアドバイスのつもりだったからだ。

ミラーとマックスは意気投合し、若い男たちに正しいメイティングを教えるポッドキャスト（インターネットラジオ）を2人で始め、それを本にまとめた。ミラーが"Mate"を出した理由は、進化心理学から見て、PUAが根本的に間違っているからだ。

PUAは短期的なセックスだけを追求するので、一見、進化論的な合理性がある（複数の女と性交すればより効率的に自分の遺伝子を後世に残せる）ように思えるが、こんな戦略は現代社会はもちろん、旧石器時代にも成り立たなかったとミラーはいう。若い女をはらませてなんの責任も負わない男は、女の父親や兄弟、あるいは共同体からきびしい罰を下され、追放されるか殺されるかしただろう。

男は乱交を望んでいるかもしれないが、社会的制約の下で、女と長期的な（すくなくとも妊娠から育児に手がかからなくなる4～7年）関係を築くように「進化」してきた。ところがPUAは、女を「狩りの獲物」あるいは「ゲームの得点」と見なして乗り捨てるという、ヒトの性戦略としてはあり得ない手法を広めているのだ。

そこでミラーは、アメリカの若い男たちに絶大な人気のあるマックスの助力を得て、「進化論的にも倫理的にも正しい」メイティングを教えようとした。――ちなみにこの本（"Mate"）はとても面白いので、現在、翻訳作業中だ。

男女の性愛は「二重の選択」

ミラーとマックスは、正しいメイティング（ヒトのつがい行動）とは、性愛の時間軸を合わせてウィン=ウィンの関係をつくることだという。

高校や大学など、若いときは男も女も、恋をして別れ、また恋をして……という短期的な冒険を好む。さまざまな恋愛経験から学習し、将来の安定した関係につなげていこうとするのだ。——PUAにはまるオタク的な男子は、この時期の恋愛から排除されているケースが多い。

だが独身だけでなく結婚していても、ひとは短期的な性関係を求めることがある。同性の友人たちと訪れたリゾート、地方や海外で行なわれる展示会などのイベント、出張の乗り継ぎのエアポートホテルなどには、手軽で安全であとくされのない〝楽しいセックス〟を求める男や女がいる。彼らは性愛の時間軸が一致しているから、両者が出会えば(たとえ男がPUAでも)どちらも得をする。

だがほとんどの女性は、男女の性愛の非対称性から、20歳を過ぎて社会に出る頃には、中期的・長期的な性愛の時間軸を意識するようになる。気に入った男性がいたら数ヵ月、あるいは1~2年親しくつき合って、うまくいくようならさらに長期的な関係を築き、結婚していっしょに子どもを育てたいと考えるのだ。

生理学的には、これは神経伝達物質のひとつであるオキシトシンの作用で説明される。オキシトシンは子宮の収縮や出産、授乳によって分泌され、母親の子どもへの強い愛着を形成する。ハグやキス、セックスのオーガズムでも分泌されるので、パートナーへの愛着にもなる。「愛情ホルモン」ともいわれるオキシトシンは、共感力(相手の気持ちを感じること)に強く影響することがわかっている。

女と同様に男もオーガズムなどでオキシトシンが分泌されるが、その作用はテストステロン(男性ホルモン)によって阻害されるらしい。これが、男が女よりも共感力が低い理由だと考えられる。

ミラーはここから、男女の性愛は「二重の選択」になっているとする。

メイティングの第一段階では、女はセックスの相手を選択する圧倒的なちからをもっている。男は競争に勝って、女から選ばれなくてはならない。

だがメイティングの第二段階で、関係を維持するかどうかの選択権が男に移る。このとき、女が長期的な関係を求め、男が短期的な関係にしか興味がないと(性愛の時間軸が一致しないので)深刻なトラブルに発展する。――もちろんこの逆もあり得るが、現実には、男が浮気をして女を捨てるケースが圧倒的に多いだろう。

進化論的にいうならば、メイティングにおいて、男はまず競争し、次いで選択する。女はまず選択し、次いで長期的な関係を勝ち取らなければならないのだ。

道徳的なモテ戦略

ジェフリー・ミラーは、性愛の時間軸を無視したナンパ（Pickup）は倫理に反するという。これはなにも学者のきれいごとではない。リベラル化が進み、ポリティカル・コレクトネス（PC＝Political Correctness：政治的な正しさ）が徹底されるようになった現代社会では、PUAの行為は「犯罪」と見なされかねないのだ。

日本でも、刑法の性犯罪規定の見直しを議論してきた法務省の検討会で、「相手の同意がない性行為を処罰すべきだ」と意見が一致したと報じられた。男女平等で先行する欧米ではすでに、「性行為には同意が必要」が徹底されている。

『ぼくは愛を証明しようと思う。』で、恋愛工学をきわめた渡辺は、何人かのBクラスのセフレと、玲子というAクラスの女とつき合っていたが、Sクラスのモデル英里香のナンパに成功したことで玲子を捨て、セクハラを訴えられて会社をクビになる。だがいまなら、合意のない性交を強要されたと告発され、伊豆に傷心旅行をするような悠長なことはできないかもしれない。

パーティで飲んだくれて女たちを片っ端からナンパしたタッカー・マックスは、フェミニストから「毒々しい男らしさ Toxic Masculinity」の典型と見なされている。

進化心理学者のジェフリー・ミラーは、生殖器以外の性差をすべて「社会的構築物」とする極端なフェミニズムや、自らの偏狭な「正義」に反する科学的知見を述べる研究者などをバッシングし、地位を奪って職場から追放しようとする「キャンセルカルチャーCancel Culture」を批判する急先鋒で、2016年と20年の米大統領選ではドナルド・トランプを支持していた（保守派というよりも〝極右のリバタリアン〟と見なされている）。

そんなミラーとマックスですら、PUAに対しては（天敵である）フェミニストと同じ立場をとる。2人は、PUAが〝獲物〟をセックスへと持ち込むメソッドについてこう述べている。

ナンパ師のコミュニティは、何年ものあいだ、女性とのやりとりを物理的に進展させる方法を男たちに教えようとしてきた。「キノ」「キノエスカレーション」と呼ばれる方法は、生きているカエルを水に入れて熱すれば、外に飛び出すことなく茹で上がってしまうという19世紀の有名な実験に似ている。徐々に気づかれないように接触を増やす（温度を上げる）ことで、女性に不本意なこと（茹でられること）をさせるのだ。

はっきり言おう。そのような方法は、獰猛《どうもう》なセックス・サイコパスがやるひどく不快なテクニックだ。PUAたちは自分自身と自分の欲望を恥じていて、誠実にそれに向き合えないのだ。

この手の行動は、意図的かどうかにかかわらず、デートレイプ訴訟のような非常に大きな反動を生むので、なんとしても避けなければならない戦略だ。セックスには、正当な根拠がなくてはならない。

「倫理的なメイティング」では、男はつねに性愛の時間軸を合わせるよう意識しなければならない。女が短期の関係を求めているのなら、パーティやバーでピックアップして一夜の逢瀬《おうせ》を楽しむのもいいだろう（アメリカの出会い系サイトには、そのためのパートナーを求めるものもある）。

だが女が中期的・長期的な関係を望んでいるにもかかわらず、「やり捨てる」ことを前提にピックアップしてはならない。仮に性的関係に持ち込んだとしても、その行為自体が倫理的に許されないし、大きな代償を払うことにもなりかねない。合意によるセックスが当然とされる現代社会では、「道徳的なモテ戦略」が必要になるのだ。

女の理想は「トリプルシックス」

ハイパーガミーは上昇婚のことで、身分の低い女が上流階級の男と結婚する「玉の輿」が典型だが、身分のちがいがなくなった現代社会では、自分よりも学歴、収入、社会的地位の高い相手に魅かれることをいう。洋の東西を問わず、女性には強いハイパーガミーの傾向があることが知られている。アメリカでは、女性は男性の約2倍、相手に経済的な余裕があることを重視している。日本でも、20代で年収600万円以上の男性はほぼ全員に交際経験があるが、年収200万円未満では半分程度だ。*11

欧米の婚活サイトのデータを分析すると、女性が自分より高い学歴の男性を好む傾向がはっきりわかる。女性が修士号をもつ男性のプロフィールに「いいね！」を押す割合は、学士号の男性より91％（約2倍）も多いのだ。*12

ここで問題なのは、アメリカでは1990年代以降、大学進学率と大学修了率の両方で女性が男性を上回っていることだ。1960年には、4年制大学を卒業した女性1人に対して男性は1・6人だった。2003年にはこれが逆転して、男性の大学卒業者1人に対して女性が1・35人になった。13年には、25〜29歳の女性の37％が学士号以上を、12％が大学院や専門職の学位を取得しているのに対し、同年代の男性は30％と8％で、その結果、20代では女性の平均収入が男性を上回った。

女性の社会的地位がこれまで低かったことを思えば素晴らしいことだが、ハイパーガミーの傾向と組み合わせると事態は不穏な様相を帯びることになる。女性が社会的・経済的に成功すればするほど、（自分よりも「上位」の男性が少なくなるので）選択できる相手が少なくなるのだ。

事態を困難にするのは、「仕事で成功している女性ほど、成功している男性を強く好む」ことだ。この傾向はアメリカだけでなく、イギリス、スペイン、セルビア、ヨルダンなどでも確認されており、宗教や文化に関係なく世界じゅうで広く見られる。

イギリスで行なわれた研究では、女性のＩＱが16ポイント上がるごとに、結婚の可能性は40％低下した。一方、男性の場合は、ＩＱが16ポイント上がるごとに、結婚の可能性が35％上昇した（ＩＱ16ポイントは偏差値10に相当する）。

アメリカでは２０１２年、大学教育を受けた未婚の若年女性１００人に対して、学士以上の若年男性は88人しかいなかった（大学院卒では女性１００人に対し男性77人）。この傾向が続くと、２０２０年から39年の間に、同等の高等教育を受けた男性のパートナーがいない女性は、なんと４５１０万人になると予想されている。

アメリカでは、理想の男は「トリプルシックス」と呼ばれる。身長６フィート（約１８３センチ）以上、収入６桁（10万ドル≒１１００万円）以上で、腹筋が６つに割れているのが選ばれる基準だ。ところが34人の高学歴女性に対し、ハイパーガミーを満足させる「トリプルシックス」の男は１人しかいない。逆にいうと、（男女同数として）97％の男は恋愛の選択肢から外されている。――ちなみに〝666〟は「悪魔の数」でもある。

婚活サイトのビッグデータの分析では、魅力度が下位80％の男は下位22％の女を奪い合い、上位78％の女は上位20％の男に集まっていた。その結果、30歳以下のアメリカの男性がセックスレスを報告する割合は、2008年の8％から18年の28％へと3・5倍になったという。

徹底的に自由化された現代の恋愛市場では、少数の成功した男が多くの女に望まれる一方で、多くの男が性愛から排除されてしまうのだ。

「PUAの天国」から「こわれた男たちのたまり場」へ

PUAの背景には、自由恋愛によって恋愛の難易度が上がり、多くの男が女から選択されなくなっていることがある。これが「モテ／非モテ問題」で、英語圏のネットスラングでは非モテは「インセル（involuntary celibate：非自発的な禁欲主義者）」と自虐的に名乗るようになった。彼らは、自分を選択しない女たちを深く憎むようになり、ミソジニー（女性嫌悪）や反フェミニズムに染まっていく。

「インセルのテロリスト」の象徴が事件当時22歳の大学生エリオット・ロジャーで、2014年、カリフォルニアで死者6人、負傷者14人の無差別殺人を行なったのち、自ら頭部を撃って死亡した。

この事件については別のところで書いたが、[*13] その後、ロジャーが"PUAHate（PUAヘイト）"というアンチPUAのネットコミュニティに参加していたことが明らかになった。そこには、PUAのセミナーにお金を払ったものの女性をピックアップできなかった若者たちが集まっていた。[*14]

PUAは自分たちが「女嫌い」になるだけでなく、メソッドを使っても彼女をつくることができず、女にはげしい憎悪を抱くようになったインセルをも生み出していたのだ。

PUAのコミュニティにどこか歪《ゆが》んだところがあるのは、すでに2000年代はじめに、「プロジェクトハリウッド」でニール・ストラウスが体験していた。そこに集まってくるのは、「社会的能力の欠如を社会的不安の欠如で埋め合わせている、アプローチマシーン」のような男ばかりだった。

この若者たちはやがてピックアップに興味を失い、インターネットで自分たちのメソッドを宣伝し、ビジネスを拡大することに熱中するようになった。こうして、邪魔になったミステリーとニールは「プロジェクトハリウッド」を追われることになる。

この苦い経験によってニールは、自分たちがつくろうとした「PUAの天国」が「オタクとこわれた男たちのたまり場」になり果てたことを認めざるを得なくなった。そんな場所に引き寄せられてくるのは、〝メンヘラ〟の女たちばかりだった。

「この家は、飢えた男とノイローゼの女を吸い込むバキュームへと姿を変えた」とニールは書く。「精神に問題を抱えた人間ばかりを吸い込み、まともな人間を追い払う」のだ。

エリオット・ロジャーが事件を起こした翌年、ニール・ストラウスはメディアのインタビューを受け、こう語った。*15

なんらかのきわめて深刻なダメージを負ったひとびとがおり、彼らは自分たちと同じような、憎悪と偏見に満ちた現実を生きる者たちを集めている。

これはPUAへの訣別宣言だが、このインタビューの写真でニールは、黒のスーツ姿で生まれたばかりの赤ん坊を抱いている。PUAのメソッドを学び、非モテの自分を「最強のナンパマシーン」に改造したニールは〝愛〟を手に入れたのだろうか。

「セックス依存症」を治療する

ベストセラーとなった"The GAME"から10年後、ニール・ストラウスは続編"The Truth: An Uncomfortable Book About Relationships"『真実　人間関係についての落ち着かない本』

を出版した。[*16]

物語は、飛行機が到着し空港の出口に向かうニールが、若者から「あなたの本、読みました」と声をかけられるところから始まる。

「それはうれしいな」とニールがこたえると、若者は「おかげで妻に巡り合うことができました。みんな、あなたのおかげです」という。

「で、子どもをつくる予定はあるの?」と訊くと、「実は、もうすぐ男の子が生まれるんです」との答えが返ってきた。若者はこれから妻の元に帰るところだったのだ。

PUAは批判ばかりされるが、長期的な関係を求める男たちに、憧れの女性に声をかける勇気を与えるという役割も果たしていた。

この事態が皮肉なのは、ニールが「精神科のリハビリ施設」に入るところだったからだ。といっても、アルコールや薬物の依存症でも、うつ病などの精神疾患でもない。

ニールは、イングリッドというモデルと長くつき合っていた。だが彼女のことを愛していたにもかかわらず、その友だちに手を出して、それがバレてしまう。

イングリッドの信頼を取り戻す唯一の方法は、自分の「病気」を認めることだった。本気で誰かを愛しているとしたら、彼女の友だちと教会の駐車場でカーセックスしたりするだろうか。

このぶんだと、一人寂しく老いていくしかない。妻もいない、子どももいない、家庭もない。くたばったところで遺体が発見されるのは腐敗臭がキツくなる数週間後だろう。一生かけて集めたガラクタは残らず処分され、俺が居座っていた空間に代わりのやつが入ってくる。この世に何も残せない。借金さえも。

こうしてニールは、「セックス依存症」を治療する施設に入所することを決めたのだ。

情緒的近親姦

アメリカではセックス依存症は「病気」とされていて、その分野の第一人者であるパトリック・カーンズが「CSAT（Certified Sex Addiction Therapist）」という「セックス依存症心理療法士」の認定制度を創設した。カーンズは「70年代に性犯罪者の精神鑑定を担当し、セックスもアルコールと同様に嗜癖の対象ではないかと考え、アルコール依存症と同様にリハビリ・プログラムで治療できると確信した」のだという。心理主義化したアメリカでは、人生のあらゆる障害に「セラピー」が用意されている。

男がセックス依存症になるのも、女が恋愛依存症になるのも、その原因は「愛情のない家庭」で育ったことと、幼児期のトラウマだとされる。こうしたフロイト流の精神分析は精神医療の主流から脱落して久しいが、アメリカではいまだに圧倒的な影響力をもっている。

実際、ニールにはずっと隠し通してきた家庭の暗い秘密があった。

10代の頃、アダルトビデオ目当てに父親のクローゼットをあさり、1本のビデオテープを見つけた。そこには車椅子の女子テニス選手や「腕や脚のない人たちが水中でもがいているだけの水泳大会」の映像が収められていた。ニールの父親は肢体が不自由な女性に対する性的嗜好をもっていたのだ。

グループセラピーでこの秘密を告白したとき、言葉が涙と唾をともなってせきを切ったようにあふれ出た。

「実は母も身体障害者なんだ。親父にそんな性癖があるとも知らずに結婚した。だから、親父を死ぬほど憎んでいる。親父のコレクションにされたと思っているからね」

ニールがこのことを母親に話すと、相談相手ができたと思ったらしく、これまでの苦しみを息子に訴えた。父親の若い頃の写真には、手足を折りたたみ、身体障碍者を装う姿が写っていた。父親が編集した新婚旅行のビデオには、脚を引きずって歩く母親の映像だけが集められていた……。そしていまも、新しい「物証」を見つけるたびにニールに電話してくるのだ。

この話を聞いた女性セラピストは、「この場合は、お父さんの性癖や家族が受けた影響以上に、もっと深刻な問題がありますといった。

「それは何ですか？」とニールが訊くと、「あなたがどう受け取るのか分からないのですが……」と躊躇《ちゅうちょ》したあと、「お母さんはあなたに恋愛感情を抱いています」と告げた。

15日間のセラピーを受けたあと、ニールは「不安神経症、抑うつ症、対人問題、脳損傷、ADD（注意欠陥障害）、セックス依存症、怒りの欲情化、進行性PTSD障害（心的外傷後ストレス障害）、情緒的近親姦、第五軸生活機能低下、その他諸々」の精神疾患を抱える身になっていた。

新しい恋愛スタイルを求めて

イングリッドとともにモノガミー（単婚）の人生を生きるとかたく決意したニールは、グループセラピーや個人的なカウンセリング、ニューロフィードバック、サプリメント、セックス日記、神への祈りなどを10ヵ月続けたものの、2人の関係は徐々にぎすぎすしたものになっていった。

いちど手ひどく裏切られたイングリッドは、ニールを信用することができず、スマホの着信音が鳴るだけで、新しい女ができたのではないかと疑った。『ローリングストーン』誌で若い女性ミュージシャンにインタビューしたときは、スマホのメールを一字一句チェックされた。

ニールはイングリッドを愛していたものの、このような監視は耐えられないと思った。そしてとうとう、「君の信頼を取り戻すことは無理だと思う」「一人の女性と、一生を共にするのは、俺には向いていないから」と伝えた。

イングリッドもまたニールを愛していたので、「あなたには自分の決めた道を進んでほしい。だけど、私はついていけない。一人で行って」と、ニールを解放した。

こうしてニールは、単婚に代わる新しい恋愛スタイルを求める旅に出た。

最初は、ポリアモリー（複婚）を唱えるニューエイジ系のコミューンを訪れた。次いで、スワッピングのグループに加わった。パリでは乱交のクラブに誘われた。その後、サンフランシスコに寝室が3つある家を借りると、フランス人のアン、オーストラリア人のベル、パリで知り合ったプラハ出身のヴェロニカの3人の女とハーレムをつくった。

女同士の衝突でハーレムが1週間ほどで崩壊すると、グループ恋愛のコミューンを始めたが、男性メンバーの1人がニールに嫉妬し、斧で殺そうとしたことで解散。レズビアンの2人の女性と暮らしたがうまくいかず、さんざん迷走したあげく、セージという女性との「オープンな関係」に至った。ハーレム、コミューン、スワッピング、4Pなどをさんざんやりつくしたのちにニールがたどり着いたのは、男と女が対等に性の自由を謳歌するパートナーシップだった。
だが、セージが2人の男友だちとメキシコに遊びに行くと、ニールは嫉妬を抑えることができなくなる。けっきょく、セージは他の男との関係を隠すようになってこの関係も破綻した。
数々の性の遍歴を経て、ニールは「女性に対して（もちろん男に対しても）自信を失うと心を開けなくなる。それはどうしてだろう？」と問う。

答えは、自由なセックスなど求めていなかったからだ。本当に欲しかったのは主導権であり、自己肯定だった。自ら母さんのように振る舞い、そうでないときは相手を母さんに仕立てる。自分でいることは、ほとんどなかった。なぜなら、エクスタシーでぶっ飛んだときもそうだったが、素の自分を受け入れてもらう自信がないからだ。あまりにも自己評価が低いから、誰に対しても安心して素顔を見せることができない。

こうしてニールは、そんな自分を受け入れてくれるのはイングリッドだけだと気づいた。イングリッドもまた傷ついたニールを受け入れ、2人はめでたく結婚してかわいい子どもも生まれた——というところでこの長い物語は終わる。

PUAから金融市場のハックへ

ニール・ストラウスはピックアップ・アーティストのメソッドを習得することで最高クラスのナンパ師となり、性の快楽を追求するだけでなく、モノガミー（単婚）の因習にとらわれない理想の男女関係を探し求めた。フランスの作家ミシェル・ウエルベックは『素粒子』[*17]で、やはり自らの体験をもとに、女にモテない高校教師の性の遍歴を赤裸々に描いた。ウエルベックほど文学として高い評価を得てはいないものの、ニールの作品も現代社会における性の現実を描いて双璧をなすだろう。

第二次世界大戦が終わると、人類史上未曾有の「ゆたかで平和な時代」が訪れ、「自分らしく自由に生きる」ことが理想とされるようになった。自由恋愛が当たり前になったリベラルな社会で、ピックアップ（ナンパ）マニュアルは、都会に住む若い男が将来の伴侶を見つけるために必要とされた。

だがその後、社会の価値観が多様化し、人間関係が複雑化すると、男女の出会いはさらに困難になっていく。こうして古典的なナンパ術は見捨てられ、若い男たちはより即効性のあるナンパ・メソッドを求めるようになった。それは、「女の脳」をリバースエンジニアリングし、心理的な手法で無意識にはたらきかけ、自分に性的魅力を感じるよう「操作」するものだった。

こうしたテクニックはフィールドレポートとしてインターネットの掲示板で公開され、よりすぐれた手法を発見したものが高く評価された。それは、オープンソースのＯＳであるリナックスがインターネットのコミュニティで開発された過程とよく似ている。

そんなオンライン上のサブカルチャーから現われたスターがミステリーで、ニール・ストラウスはＰＵＡコミュニティを広く世に知らしめ、一種の社会現象を生み出した。その背景には、恋愛のハードルが上がったことで、ＰＵＡのメソッドを使わなければ性愛を獲得できない膨大な数の男たちの存在があった。その多くは、外見やコミュニケーション能力に自信のない「非モテ」だった。

だが、このハックには本質的な限界がある。

30代半ばをすぎて、ニールが生き方を変えようとあがくようになったのには理由がある。20代、あるいは30代前半までなら、パーティやバーで女の子をピックアップする日々も楽しいだろう。だがそれをいつまでも続けていれば、病気（セックス依存症）と見なされて社会から排斥されてしまう。

小田急線刺傷事件の犯人は30代半ばで、非正規の仕事が続かず、生活保護を受けながら家賃２万５０００円の１Ｋのアパートで暮らし、食品・生活必需品を万引きしていたという。これではどんなナンパ・テクニックをもっていても、誰からも相手にされないだろう。「負け犬」の人生がこれから何十年も続くと思えば、自暴自棄になってすべてを破壊しようと考えるのも無理はない。

〝ナンパ師〟だった男が「非モテ」になり、若く魅力的な女性に深い憎悪を抱いて大量殺人を実行しようとするまでの転落の経緯は、「PUAのなれの果て」と考えるととてもよく理解できる。

だったらどうすればいいのか？

大学生のパートナー選びを調べると、国を問わず、男女ともに「外見」が圧倒的に重要で、「性格」や「学業成績」などそれ以外の要素はほとんど影響がない。だが社会人になったあと、モテる要素がなにかはデータがはっきりと示している。それをひと言でいうなら、「男はカネ」「女は若さ」だ。[*18]

長期的なパートナー候補として選ばれるのは、ユーモアがあって楽しい男ではなく、社会的・経済的に成功した男だ。「最高のPUA」であるミステリーが、ストリッパーやパーティガールしかナンパできないのはこれが理由だ。

理想の性愛を実現するには、富を手にしなければならない。こうしてハックの標的は、「女の脳」から「金融市場」へと変わっていった。

なお、性の遍歴の果てに「ほんとうの愛」を手に入れたニール・ストラウスは、結婚後5年でイングリッドと離婚し、いまは独身に戻っている。

＊1 藤沢数希『ぼくは愛を証明しようと思う。』幻冬舎文庫
＊2 翻訳はニール・ストラウス『ザ・ゲーム 退屈な人生を変える究極のナンパバイブル』（田内志文訳、パンローリング）
＊3 翻訳はミステリー『口説きの教典 カリスマナンパ師〝ミステリー〟の恋愛メソッド』（赤平三千男訳、公家シンジ監訳、パンローリング）
＊4 リチャード・ドーキンス『利己的な遺伝子 40周年記念版』日髙敏隆・岸由二・羽田節子・垂水雄二訳、紀伊國屋書店
＊5 Jerome H. Barkow, Leda Cosmides and John Tooby (1992) *The Adapted Mind: Evolutionary Psychology and the Generation of Culture*, Oxford University Press
＊6 翻訳はエリック・ウェバー『How to Pick up Girls! 現代ギャル攻略法 これだけ知ればパーフェクト！』（小野八郎訳、小学館）
＊7 ジョン・グリンダー、リチャード・バンドラー『エリクソン・メソード決定版 催眠誘導 相手の〝心〟にフワリと飛びこむ㊙ハイテク術』小宮一夫訳、星雲社
＊8 以下の記述はストラウス、前掲書より
＊9 ジェフリー・F・ミラー『恋人選びの心 性淘汰と人間性の進化』長谷川眞理子訳、岩波書店
＊10 Tucker Max, Geoffrey Miller (2015) *Mate: Become the Man Women Want*, Little, Brown and Company
＊11 内藤準「家族と自由 交際・結婚・出産育児の社会経済的不平等」（小林盾・川端健嗣編『変貌する恋愛と結婚 データで読む平成』〈新曜社〉所収）
＊12 以下のデータはVincent Harinam (2021) Mate Selection for Modernity, *Quillette*より

＊13　橘玲『無理ゲー社会』小学館新書
＊14　Jude Ellison S. Doyle (2018) The Deadly Incel Movement's Absurd Pop Culture Roots: From a cheesy VH1 reality show to mass killing, *GEN*
＊15　Katie Notopoulos (2015) The Man Who Helped Invent Pickup Artist Culture Now Sees It As "Hateful", *BuzzFeed News*
＊16　翻訳はニール・ストラウス『ザ・ゲーム　4イヤーズ』（永井二菜訳、パンローリング）
＊17　ミシェル・ウエルベック『素粒子』野崎歓訳、ちくま文庫
＊18　詳しくは拙著『女と男　なぜわかりあえないのか』（文春新書）

PART 2

金融市場をＨＡＣＫせよ

――効率良く大金持ちになる「究極の方法」

もっとも成功した一人ヘッジファンド

「ホームレスが自動販売機から小銭を集めてますよね。ぼくがやってるのも同じことです」と山本さん（仮名）はいった。「なぜって、返却口の取り忘れた釣り銭を拾うのは無リスクじゃないですか」

２０００年代のはじめ頃のことで、山本さんは自ら開発した株式市場や商品市場の自動売買プログラムで安定した利益をあげ、同業者から「もっとも成功した一人ヘッジファンド」と呼ばれていた。１９７０年生まれだから、当時はまだ30代半ばだった。

もちろん、自販機を１台ずつ調べて回るには大きなコスト（手間）がかかる。だがこれをロボットがやるとしたらどうだろう。日本じゅうの自販機から自動的に小銭を回収できれば、寝ているあいだにどんどんお金が貯まっていく。

山本さんの手法は、「エッジがあるときだけ取引する」ことだった。エッジEdgeはナイフなどの刃のことで、「強み」や「優位性」の意味で使われる。ギャンブルでエッジがあるのは、勝率が50％超の（期待値が1を超える）ときで、それがどれほどわずかな金額でも、取引を繰り返せば大きな利益になる。金融市場の小さな歪みから（ほぼ）無リスクで利益を積み上げるこの戦略は「マーケットニュートラル」と呼ばれ、ヘッジファンドの基本戦略だ。

山本さんは理工系の私立大学を出て、コンピュータの知識を買われて大手IT企業の研究所に就職したが、当時から金融市場を「リバースエンジニアリング」する可能性に気づいていた。

テクニカル分析では「すべての情報はチャートに織り込まれている」とされ、株式市場や商品市場の日足《ひあし》（始値《はじめね》、高値、安値、終値《おわりね》）のパターンから未来を読み取ろうとする。これはほとんどの場合、根拠のない経験論だが、1980年代になるとリチャード・デニスやラリー・ウィリアムズなどアメリカのトレーダーが、市場には一貫した「癖（アノマリー）」があり、それを利用すれば短期トレードで大きな利益をあげられることを発見した。

とりわけデニスは、「市場は効率的で超過利潤を得る機会などなく、〝トレードで儲かる〟などというのは詐欺の類だ」という（効率的市場仮説を信じる）経済学者らの批判にこたえるため、「タートルズ」と名づけた20人ほどの弟子に戦略を伝授し、大きな利益を生むことを証明した。デニスの手法はトレンド・フォロー（順張り）で、1986年には8000万ドル（約90億円）の利益をあげたが、翌87年の市場の混乱（ブラックマンデー）で巨額の損失を負ってトレーディングから手を引き、その後はマリファナ合法化を求めるリベラルな社会運動家になった。

山本さんは、こうしたアメリカの大物トレーダーたちに影響を受けた日本の最初の世代になる。若いときからコンピュータを使いこなしていたこともあって、金融市場の取引データを解析してアノマリーを見つけ、自動的に売買指示を出すシステム——金融市場の自販機を巡回するロボット——をつくろうとしたのだ。

独自に開発したプログラム取引によって、山本さんは3000万円の資金を20年で1000倍の30億円に増やし、フェラーリに乗り、結婚して2人の子どもに恵まれ、都内の高級住宅地に大きな家を建てた。

だが2019年、山本さんは不慮の事故で帰らぬひととなってしまう。

そのあと、家族に頼まれて、私の知人が証券会社や商品会社に死亡届を出した。山本さんが動かしていたのはわずか4本のプログラムで、本人が死亡してからも動きつづけ、1週間で700万円以上の利益を生んでいたという。

「人生で最も幸福」なとき

「ヘッジファンドの帝王」と呼ばれるジョージ・ソロスは、1930年にハンガリー、ブダペストのユダヤ人家庭に生まれた。後年のインタビューでソロスは、14歳だった1944年を「人生で最も幸福」な時期だったと語っている。[*1]

だがこれは、東ヨーロッパの歴史を知る者にとってはなんとも奇妙な話だ。1944年

3月19日、ナチス・ドイツがハンガリーを占領し、この地に住むユダヤ人への苛烈な弾圧が始まったのだから。

ソロスの父ティヴァダールは1893年にハンガリーの農村に生まれ、第一次世界大戦に従軍してロシア軍の捕虜となりシベリアの収容所に送られた。休戦協定が結ばれたにもかかわらず、帝政ロシアもオーストリア・ハンガリー帝国も崩壊したことで釈放のあてがなくなり、20人の仲間とともに収容所を脱出、汽車、筏《いかだ》、ラバ、徒歩で西を目指し、6年目にしてようやく故国に戻ることができた。

ブダペストで法律家となったティヴァダールは、32歳のときに10歳年下のエルジェーベトと結婚し、ポール、ジョージの2人の子どもが生まれた。ジョージは父親が聞かせてくれた虜囚時代の冒険譚に心酔し、7～8歳の頃につくった詩でティヴァダールを「ゼウス」に喩《たと》えた。

ナチスがブダペストに侵攻したとき、成功した法律家だったティヴァダールは、妻と子どもたちをスイスのジュネーヴに疎開させる準備をし、それが駄目だったときのためにアメリカのビザも取得していた。ところがティヴァダールにはブダペストに愛人がおり、妻のエルジェーベトが夫を一人で残すことに反対したため、一家はナチスが占領する街に取り残されてしまった。ナチスがブダペストに送ったのはアドルフ・アイヒマンで、その任務はハンガリーに住む75万人のユダヤ人を「処理」することだった。

この危機に至ってティヴァダールは、一家が生き残るために天性の才能を発揮した。「最初の最初から、父が指揮をとっていた」とソロスは語る。「ドイツ軍が侵攻してくると、ほぼその直後に父は家族全員を呼び集めて、こんなようなことを宣言した――通常の法はすべて一時停止とする。いまは非常事態だ。もし法を守り続け、このままの状態を続けるとすれば、自分たちはただ消え去るだけのことだ。だから、私たちは別の取り決めを結ばなければならない」

ティヴァダールは家族に別の身分を持たせようとしたが、友人や知人たちは同情の念は口にするものの、結局は断ってきた。だが、義母が所有するビルの管理人は、ポールと同い年の息子の誕生証明書、成績簿、予防接種証明書など、ありとあらゆる書類を提供してくれた。さらに、軍役についている息子に命じて部下の証明書を送らせ、これをジョージが使うことになった。管理人は以前、居住者とのトラブルで裁判所に呼び出されたとき、ティヴァダールが弁護してくれたことに恩義を感じていたのだ。

「冒険」に魅了された少年

管理人の助力を得て義母が所有するビルに隠れ部屋をつくったティヴァダールは、次に家族以外の者に身分証明書を提供しはじめた。書類を偽造する職人の元締めと渡りをつけ、白紙の記入用紙やゴムのスタンプを提供する者、新しい書類を古びたものに見せる職人も確保した。

ティヴァダールは、依頼人を3つのグループに分けた。第一は、非常に親しいか、絶望的な窮地に陥っている者たちで、書類は完全に無料で提供された。第二は、道義的に恩義を感じていて、相手から利益を得ようとは思わない者たちで、書類は実費で提供された。第三は裕福な顧客で、〝市場価値〟が許すかぎりの金額を請求した。そのなかにはユダヤ人の祖父母をもつクリスチャンの貴族や財界人、「ハンガリーでは、全世界にとってのロスチャイルドに匹敵する」大富豪もいた。

状況がさらに逼迫《ひっぱく》すると、ティヴァダールはリスク分散のため家族をばらばらに住まわせることを決め、農務省で働いている男に金を払い、ソロスを息子として同居させてもらうことにした。ところが通りの向かい側に住む級友と顔を合わせたことで、ソロスは母親が疎開した保養地まで一人で旅するよう指示される。ソ連軍がハンガリーに侵入した数ヵ月後には、ふたたび父親と暮らすため、14歳のソロスはさまざまな迂回《うかい》ルートを使ってブダペストに戻るという「冒険旅行」を敢行した。

戦争末期の1944年11月、ブダペストは低空飛行するソ連機があたりかまわず機銃掃射し、路上に人間や馬の死体が転がっていた。近くの街灯柱に2体の死体が吊るされ、一方には「これが隠れ住んだユダヤ人のなれの果て」、もう一方には「これがユダヤ人をかくまったクリスチャンのなれの果て」と書かれていた。そんななか、ソロスの主な仕事は、近くの市場の地下から水を汲み上げ、バケツで運んでくることだった。

そんなある日、隠れ家の浴室にドイツ兵が転落するという事件が起きた。軍服に身を固めた金髪碧眼《へきがん》の「まるで赤ん坊のようなすべすべの顎《あご》をした少年だった」。

このときの出来事は、ティヴァダール自らが記している。

「いくつなのかい？」これが私の最初の質問だった。

「一七です」

「煙草は吸う？」

「はい」

少年は私が差し出した煙草を手に取り、火をつけ、飢えたように吸い込んだ。少年の説明によれば、このビルのすぐ前にソ連軍の戦車が迫っているのだという。あわてて通風口に飛び込んだところ、この浴室に転がり落ちたというわけだ。私たちは一五分ばかり話を交わした。いよいよ、この少年をどうすべきかという問題になった。

どうやら一四歳の私の息子は、目に一杯涙を溜めているらしい。私はまず、このアーリア人兵士に煙草を一握りつかんで渡すと、こう命じた。「ここに飛び込んできたときと同じ道筋で出てゆきたまえ」。

息子たちが少年を押し上げて何とか窓枠によじ登らせると、このドイツ軍の一員たる武装兵士は、無事、ユダヤ人占領地域から脱出した。

14歳のジョージ・ソロスにとって、ナチス占領下のブダペストでの父親はまさに英雄《ヒーロー》そのものだった。その父の指揮の下、次々と襲い掛かる危機を間一髪でかわす「冒険」はこの少年を生涯魅了することになる。

「金儲けは好きではありません。ただ、うまいだけです」

その後、ソロスはロンドン・スクール・オブ・エコノミクス（LSE）を卒業して26歳でアメリカに渡り、ジム・ロジャーズと2人で始めたクォンタム・ファンドで大きな成功を収めたが、自らの富に戸惑っていた。父のティヴァダールは、「金は何らかの目的を達成するための手段にすぎない」と息子に教えてきた。大金を手にしたものの、「人生の目的」とは何なのか？

ある晩餐会の席で、隣に座った女性小説家から「ご自分がお金儲けが好きだと初めてはっきり気づかれたのはいつなのですか」と問われて、ソロスはこう答えた。「金儲けは好きではありません。ただ、うまいだけです」

ソロスには、若い頃からの夢があった。それは自らの哲学を世に出すことだ。学生時代にLSEのスター教授だった科学哲学者カール・ポパーの『開かれた社会とその敵』に大きな感銘を受けたソロスは、1982年に創設した国際慈善団体を「オープン・ソサエティ（開かれた社会）協会」と名づけ、ポパーの名をとった奨学金制度を始めた。もっともポパーの方は、何度か論文を送られ、自宅に招いて批評を伝えたこの教え子のことをほとんど覚えていなかったようだが。

ウォール街で成功したあと、ソロスは1961年から66年の5年をかけて学位論文を完成させようと苦闘し、草稿をポパーに送った。「第一印象はとてもよかった」という返信をポパーから受け取ったものの、その後、ポパーの関心は薄れていったようだ（「あまりお手を煩《わずら》わせないというお約束をいたしましたので、しばらくお便りはご遠慮申し上げました」というソロスの手紙だけが残っている）。

ソロスは自身の著書で「再帰性（リフレクシヴィティ）」について論じている。この概念は難解だが、いまなら数学者ベノワ・マンデルブロと並んで、もっとも早く「複雑系」について指摘したものと再評価されるかもしれない。

アインシュタインやフォン・ノイマンと並ぶ20世紀が生んだ天才であるマンデルブロは、世界には正規分布（ベルカーブ）とは異なる分布が遍在していることを発見し、これをフラクタルと名づけた。フラクタルでは、要素同士の相互作用によって分布の尾が長く伸びていく。これがロングテールだ。

マンデルブロは、金融市場の価格の分布もフラクタルの典型だという。そこではベルカーブにちかい平穏な時期が続いたあと、突如、暴落や暴騰のような「とてつもないこと（ブラックスワン）」がロングテールの端で起きる。投資家同士がお互いを参照しあって、そのフィードバック効果で「テールリスク」が顕在化するのだ。

ソロスはクルト・ゲーデルの「自己言及のパラドクス（不完全性定理）」を市場に適用したものを「再帰性」と呼んでいるが、金融市場を観察するなかで、マンデルブロとはまったく独立にこの奇妙な事象に気づいたのではないだろうか。

「中年の危機」を乗り越えて

「哲学の夢」をあきらめ、クォンタム・ファンドで大成功した1978年、50歳の手前で家庭生活に行き詰まったソロスは3人の子どもを置いて離婚し、一人暮らしを始めた。「セントラルパーク・サウスから数ブロックのところに小さな家具つきアパートを借り、家からはタクシーに乗って、服を詰めた数個のスーツケースと何冊かの本を運んだ。車はもっていなかった」というのが、人生をやり直そうと決めた〝大富豪〟の新しい暮らしだった。

その直後、ソロスは近くのテニスコートで23歳の女性と出会い、親しくなる。ソロスから、自分がウォール街で大成功した男で、株式市場で大金を儲けたという話を聞いたときのことを、彼女は「絶対ペテン師だと思ったわ、小銭も持っていない男だってね」と述べた。数年後、彼女はこの年の離れた〝ペテン師〟と結婚することになる。

「中年の危機」を乗り越え、世界最大のヘッジファンドを育て、莫大な富を得たソロスは、慈善事業に本腰を入れるため、クォンタム・ファンドを23歳年下のファンドマネージャー、スタンリー・ドッケンミラーに任せることにした。１９９２年、ドッケンミラーはイングランド銀行がポンドの為替相場を支え切れなくなると予想した。この賭けについてソロスと話しあったときのことを、ドッケンミラーはこう回想する。


「彼（ソロス）には自分がなぜポンドが崩壊すると考えるのか、その理由をいろいろ話し、自分が投入するつもりの額も話した。叱責はされなかったが、それに近いことは言われたよ。つまりだな、君がそう確信しているなら、なぜたった二〇億～三〇億ドル程度でおさめるんだ、というわけだよ」

クォンタム・ファンドはイギリスポンド100億ドル分を空売りし、わずか24時間で10億ドル以上の利益をあげた。こうしてソロスは、「イングランド銀行を打ち負かした男」の異名を得ることになる。

14歳の少年は、ずっと1944年のブダペストで体験した〝わくわく感〟を追い求めていたのだ。

ルーレットをハックする

1930年生まれのジョージ・ソロスがリスクに魅了されていたとするなら、1932年にアメリカの中流家庭に生まれたエドワード・ソープは、徹底的にリスクを避けることで大きな成功を収めた。ソロス、ソープに、1930年生まれのウォーレン・バフェットを加えた3人が「20世紀でもっとも成功した投資家」になるだろうが、その背景には、第二次世界大戦のあと世界的な高度経済成長が始まった1950年代に金融ビジネスの世界に入った幸運があるのだろう。

この3人のなかでソープだけは、資産1000億ドル（約11兆円）のバフェットや、86億ドル（約1兆円）のソロスに比べて、個人資産の桁がいくつか少ない。だがこれはソープに能力がなかったからではなく、逆にあまりに成功しすぎたからだ。――ソープが始めたヘッジファンドは1988年に閉鎖を余儀なくされたが、その後も運用を続けていれば、すくなくともソロスに匹敵する富を積み上げたことはあとで説明しよう。

ソープは投資家というより数学者・物理学者で、それ以前に好奇心のかたまりの「いたずら小僧」だった。子どもの頃からさまざまなガジェットを自作し、中学でアマチュア無線の資格を取り、高校のときは気球を飛ばしたり黒色火薬でロケットをつくったりした。しまいにはニトログリセリンで強力な爆薬を自作したが、さすがに実験は一度で止めて、このきわめて危険で強力な化学物質の残りは捨てることにした。[*2]

父親の仕事（造船所の警備員）の都合でカリフォルニアに引っ越したソープは、飛び級で地元の落ちこぼれ学校（職業訓練校）に入り、大学進学の奨学金を得るためにカリフォルニアの高校生を対象とした物理の試験で1000点満点中931点を取って1位になってUCB（カリフォルニア大学バークレー校）に入学、その後、地元に近い南カリフォルニアのUCLA（カリフォルニア大学ロサンゼルス校）に転校した。

このUCLA時代に、ソープは友だちと車で貧乏旅行をするようになり、ラスベガスを訪れてギャンブルに興味をもった。といっても、「賭け事」に惹かれたのではなく、最初はルーレットを物理的に解析し、次にブラックジャック必勝法を数学的に証明することに夢中になった。

ルーレットでは、球の回転にかかるすべての力がわかれば、どの数字が出るかをモデル化できるはずだと考えた。ブラックジャックでは、ゲームが進むにつれてデック（これから使われるカードの組）の構成が変わり、それによってオッズがカジノではなくプレイヤーに有利になる可能性があることに気づいた。

このようにソープは、ギャンブルのリスクを楽しむのではなく、その仕組みを数学的・物理的に解明し、リスクなしで利益を得る（ハックする）方法を見つけようとしたのだ。

ブラックジャック必勝法

卒業と同時に大学時代の同級生と結婚し、1959年にMIT（マサチューセッツ工科大学）で数学教師の職を得たソープは、MITのコンピュータを使ってブラックジャックの確率を計算し、デックに残っているA（エース）と10カウントのカード（キング、クイーン、ジャック、10）が勝率にどのように影響するかの法則を探った。

大学のコンピュータ（当時はものすごく貴重だった）をこんなことに使っていいのかと思うだろうが、ソープにとってこれは数学の研究で、その成果を『全米科学アカデミー紀要』

に発表することにした。超一流の学会誌で、掲載には会員の承認と推薦状が必要とされ、このときMITには1人しか会員がいなかった。それがクロード・シャノンだ。

「情報理論の父」と呼ばれるクロード・シャノンの功績は、どれほど強調しても強調しすぎることはない。コンピュータサイエンスやインターネット、暗号技術などのデジタル革命は、情報と確率を結びつけ数学的に処理するという、シャノンが独力でつくり上げたまったく新しい学問分野を基礎にしている。

だがこの偉大な科学者は、MITの廊下をジャグリングしながら一輪車で走るという奇行で知られていた。そしてソープと同様にガジェットに夢中で、ルーレットを物理的に解析することに強い関心をもっていた。――のちにソープとシャノンは、史上初のウェアラブル・コンピュータを開発し、それをラスベガスのカジノに持ち込んでルーレットの数字を予測することになる。

シャノンの推薦を得たソープは、アメリカ数学会の年次総会で「富の公式：ブラックジャックというゲーム」という論文の要旨を発表することにした。総会の2日前、『ボストン・グローブ』紙の記者がそれを聞きつけて電話してきた。その記事が新聞の1面に載ると、いつもは地味な数学会にマスコミが押し寄せ、大変な騒ぎになった。

ここではじめて、ソープはブラックジャックの「カードカウンティング」について発表した。プレイに使われたカードを記憶（カウント）することで、デックにAや絵札がどの程度残っているかがわかる。これらのカードが配られる確率が高いほどプレイヤーが有利になるから、勝率に合わせて賭け金を調整することで、確実にディーラーに勝てるのだ（プレイヤーの賭けの期待値がカジノを上回る）。

ギャンブル必勝法が数学的に証明されたことの反響は大きく、ソープのもとには論文を送ってほしいという依頼が押し寄せた。「情報はタダであるべきだ」を信念とするソープは、何百部もコピーをつくって依頼者に郵送した。

次いで、マニー・キンメルというあやしげな男（当時は駐車場経営者だったが、その後、映画会社ワーナー・ブラザースの買収に参加した）から資金提供を受け、ラスベガスなどのカジノで自らの手法の正しさを証明した。あまりに勝ちすぎたのでカジノから出入り禁止を食らったソープは、その経緯を『ディーラーをやっつけろ』という本に書いた。これを使えば誰でもカジノで大金を得られるという「必勝法」で、その後、カードカウンティングを習得したプロのギャンブラーたちがカジノを荒らしまわることになる。

そのなかでももっとも有名なのは、１９８０年代にＭＩＴ数学科の学生たちが結成したブラックジャック・クラブだろう。その活躍は、ノンフィクション作家ベン・メズリックの"Bringing Down The House"『ハウス（カジノ）を打倒せよ』[*3]や、それを原作とした２００８

年の映画『21』（邦題は『ラスベガスをぶっつぶせ』）で広く知られることになる。
ソープによれば、カジノ側はカードカウンティングができないようにルールを変えようとしたが、そうすると一般客がゲームに興味をもたなくなってしまうため、この手法はいまでも有効だという。だがカジノはカウンティングを禁じており、大勝ちする客はブラックリストに載せられるなど、さまざまな嫌がらせを覚悟しなければならないらしい。

カジノから金融市場へ

ソープはブラックジャック、ルーレット、バカラと「研究」対象を変えたが、1960年代になると、ラスベガスよりもずっと大きなカジノに興味が移った。それが金融市場だ。ソープはこう書いている。

ギャンブルは投資を単純にしたものだ。2つのあいだにはびっくりするぐらい似たところがあり、だから私は、ギャンブルのゲームで勝てるなら、市場で平均よりもうまくやれるのじゃないか、そう考えた。どちらも数学と統計とコンピュータで分析できる。どちらもお金の管理が必要で、リスクとリターンのバランスをうまくとらないといけない。大きく賭けすぎるのは、1回1回は有利だったとしても、破滅への道だったりする。

ソープはカジノを攻略するとき、ブラックジャックの定石などをいっさい研究しなかった。ただカードを数えて、勝率がどのように変化するかを予測しただけだ。同様に金融市場を攻略するときにも、会社がどんな事業をしているかとか、バランスシート（貸借対照表）がどうなっているのかにはいっさい興味がなかった。金融市場をハックするというのは、経済学やファイナンス理論とは関係なく、株価の変動（値動き）から無リスクで利益を積み上げていける手法を数学的に見つけ出すことなのだ。

ソープは、株式投資で何度か失敗したのち、営業マンの言葉を信じたり、「相場を予測する」という理論を試すのは時間のムダだと気づいた。どの株が値上がりするかわかっているのなら、客に勧めたり本に書いたりする前に自分でその株を買って儲ければいいのだ。そんなおいしい情報を赤の他人に教えるという時点で、この話はものすごくうさんくさい。

だとしたら、経済学者たちがいっているように、金融市場はきわめて効率的で、ハックする余地などないだろうか。だがそのとき、ソープはワラントという面白い金融商品があることを知った。

ワラントの理論価格を計算する

転換社債は、株式への転換権のついた社債のことだ。トヨタの社債が3％で市場で流通しているとすると（いまの超低金利ではこんなことはあり得ないから架空の例だ）、新しく債券を発行して資金調達するときの利率も当然3％になる。それよりも低い利率では、投資家は市場でトヨタ債を買った方がいいから、新発債は利回り3％の水準まで価格を下げないと販売できないはずだ。

ところが、同じ金額をより低い利率で調達する方法がある。社債におまけ（オプション）をつければいいのだ。トヨタの株価が1万円として、社債の償還日までに（たとえば）1万2000円で株式に転換できるようにする。

その後、株価が3割上がったとすると、投資家は1万3000円のトヨタ株を1000円安い1万2000円で手に入れることができる。一方、株価が（転換価格の）1万2000円に届かない場合は、社債を償還まで保有しつづけて元本と利息を受け取ればいい。転換社債は「おまけ」がついている分だけ投資家にとって魅力的なので、（「おまけ」なしの）普通社債より利率を下げて発行できる。

この転換社債は、債券部分と「おまけ」に分離できる。「おまけ」のみで証券市場に流通し、売買されるのがワラントだ。

ワラントの価格は、原資産（トヨタ株）の株価と償還までの期間（および金利）によって変動する。トヨタ株が上がればワラントも上がり、償還が迫れば価格が下がるが、そこにはつねに不確実性があって、株価からワラントの値段が自動的に決まるわけではない。すなわちギャンブル性があるのだ。

ワラントがギャンブルならば、ソープにもチャンスがある。ワラントの取引価格は、それまで投資家やトレーダーが経験則で決めていた。だがソープは、正しいワラント価格を数学的に計算できれば、理論価格より安く流通しているワラントを買って、無リスクで利益が得られるはずだと考えた。

ソープは、効率的市場仮説が前提とするように株価がランダムに変動するのなら、ワラントの理論価格を算出できることにすぐに気づいた。だがここで問題に突き当たる。コンピュータに計算させてみると、ワラントはものすごい高値で取引されていたのだ。

ノーベル経済学賞の先を行く

ワラントは、「株価が上がれば大儲けできる宝くじ」としてギャンブル好きの投資家のあいだで人気があった。そのため、理論価格ではあり得ないような値段がついていた。だったら、その割高な宝くじを売って儲ければいいではないか。

だが、そう簡単にはいかない。

ワラントは、運のいい買い手が「青天井で儲かる」宝くじだ。ということは、運の悪い売り手（宝くじの胴元）の損失にも上限がない。

転換価格1万2000円のワラントを2000円で買い、償還期限までに株価が5万円に高騰したとすると、買い手は3万6000円の利益を得て（［5万円―1万2000円］―購入価格2000円）、元金（2000円）は18倍になる。一方、売り手は同額の損失を被るから、これを1000ワラント（200万円）分売ったとすると損失は3600万円だ。これでは、ワラントの売り手はいつ全財産を吹き飛ばすかわからない。

これがソープが直面した問題で、このリスクをなんらかのかたちで回避（ヘッジ）しないと、株価の暴騰でとんでもない災厄に見舞われることになる。

ここでソープは、ワラントを売ったときに、同じだけ原資産（トヨタ株）を買っておけば、リスクを一定範囲に抑えられることに気づいた。株価が上昇すればワラントの売りから損失が生じるが、原資産からは利益が得られる。株価によってワラントの損失可能性は変化するが、それに合わせて原資産の持ち高を変えていくことで、両者の損益が相殺されて、どのようなケースでも利益が確定するのだ。

この方法はのちに「デルタヘッジ」と呼ばれ、ヘッジファンドの投資戦略の基本になる。ソープはラスベガスに続いて、ワラントを使ってリスクなしで儲ける「マーケットニュートラル」の戦略を確立し、ウォール街をも攻略したのだ。

1973年4月にシカゴ・オプション取引所（CBOE）が開所し、株式を買う権利（コールオプション）や売る権利（プットオプション）が市場で取引されるようになった。ワラントはコールオプションを買うことで、ワラントの空売りはコールオプションを売ることと同じだ。

オプション取引が始まった時、オプションの理論価格を簡便に知る方法がどうしても必要になった。これを解決したのがフィッシャー・ブラックとマイロン・ショールズで、1973年にブラック＝ショールズ方程式を発表した。のちにロバート・マートンがこれに厳密な数学的証明を与え、ショールズとマートンはノーベル経済学賞を受賞した（ブラックはその前に病没）。

だがソープは、それ以前にワラントの価格を計算して投資に活用していたばかりか、ブラックたちが解けなかった問題に近似的な解を出す方法も発見していた。ブラックはソープが自分たちより先行していることを認めており、ブラック＝ショールズ方程式にはソープの名も加えるべきだと主張する者もいる。

「ウォール街史上最大の資金調達マシン」の行方

「情報はタダであるべきだ」を信条とするソープは、1967年にワラントの裁定取引を解説した『市場をやっつけろ』を出したが、当時、ワラントの空売りが一般的でなかったことと、理論そのものが数学的で難しかったために、『ディーラーをやっつけろ』のような反響は得られなかった。

だが、金融市場を数学的に攻略できることを示したこの本は、その後、数学者や物理学者のタマゴたちに大きな影響を与え、アカデミズムからウォール街を目指す「クォンツ」たちを生み出した。——1969年にアポロ11号が有人月面着陸に成功したことで宇宙開発の予算が引き下げられたため、学者への道を閉ざされた博士号をもつ理系の若者たちが金融機関で働くようになった。彼ら（そのほとんどは男だった）は高度な数学・物理学を使ってQuantitative（数量的、定量的）に金融市場を分析したので、Quants（クォンツ）と呼ばれるようになった。

『市場をやっつけろ』を出したあと、ソープは理論面での壁を突き抜け、ワラントや転換社債の価格の歪みを簡単に計算して、大規模に投資できる手法を確立した。だが、個人的な投資資金では、市場に転がっている儲けのチャンスの一部しか手を出せなかった。

そこでソープは、友人・知人に声をかけて彼らの資金を運用するようになり、それが安定して年率25％の利益をあげたことで、1969年にのちに「プリンストン・ニューポート・パートナーズ（PNP）」となるヘッジファンドを起ち上げた。ソープがカリフォルニアのニューポートビーチから取引の指示を出し、『市場をやっつけろ』を読んで連絡してきたジェイ・レーガンという若い証券営業マンがニュージャージー州プリンストンに拠点を構えて取引を執行する体制だった。

ソープが設立したPNPは1970年代のオイルショックで株価が暴落した時期を含めて、年率でも四半期でも一度も損失を出したことがなかった。それ以前にも株式の買いと空売りを組み合わせた「ヘッジファンド」はあったが、金融市場のリスクを完全に「ヘッジ」したのはソープが最初だった。

1979年までの10年間でPNPは409％のリターンをあげ、最初に預かった1400万ドルの資金を2860万ドルに増やした。80年代も好調で、ブラックマンデー（1987年10月の株価暴落）も乗り切って、資本は2億7300万ドルになった。

だが、PNPはここで「墜落」する。プリンストン・オフィスのレーガンが、マイケル・ミルケンの不正取引にかかわっているとして、連邦検事ルドルフ・ジュリアーニ（のちのニューヨーク市長）の強制捜査を受けたのだ。

ミルケンは、それまで見向きもされなかった信用格付けの低い（その代わり利回りの高い）

社債（ジャンク債）をパッケージにしてリスクを下げ、投資家に販売する手法を開発し、「ウォール街史上最大の資金調達マシン」をつくりあげた。その資金が伝統的な経営をする企業の敵対的買収に使われたため、ブラックマンデーでの損失を機に、エスタブリッシュメントの反撃を受け、叩きつぶされたのだとされている。ソープ自身は不正にはまったく関与していなかったが、そのとばっちりを受けてファンドを閉鎖せざるを得なくなった。

2人の天才の共通点

1990年、ソープはヘッジファンドを始めたばかりのケネス・グリフィンという若者と出会い、PNPの仕組みや収益源、ワラントや転換社債の資料を渡した。グリフィンのファンド、シタデルはその後、年率20%を超える利益をあげて、数百万ドルの資産を350億ドルに増やし（このあと説明するルネサンス・テクノロジーズと並ぶ）「もっとも成功したヘッジファンド」のひとつとなった。

PNPを閉鎖せず、そのままシタデルと同じ運用収益を積み重ねたならば、ソープの個人資産は100億ドル（1兆円）を超えていただろう。だがソープは、「人生で大事なのはどんな時間を過ごすかだ」と考え、社員たちに再就職先を見つけ、盟友のスティーブン・ミズサワ（コンピュータ科学と物理学の学位をもち、学生時代、ソープにカードカウンティングについての研究の指導を頼んできた）ら親しい仲間と小さな運用会社を始めることにした。

ソープたちのファンドはわずか6人の社員で1999年には年率72・4％の利益をあげ、統計的裁定取引で4億ドル、他の戦略で7000万ドルを運用した。だが2002年の秋、まだじゅうぶんに儲かっていたものの、自身が70代になって人生を家族との時間や慈善活動に使おうと考えたため、運用から身を引くことにした。

ソープの自伝で興味深いのは、「史上最高の投資家」ウォーレン・バフェットとの出会いだ。

バフェットはバランスシートを読み込んで割安に放置されている株を見つけ、長期かつ大量に保有するヴァリュー投資家で、ソープは株式市場の歪みを見つけ、短期のトレードで利益を積み上げていく「クォンツ」だから、その投資手法は対極にある。

1968年、共通の知人の紹介で2人が会ったとき、ソープは36歳で自身のファンドを起ち上げようとしていて、2歳年上のバフェットはすでに投資家として大きな成功を収めていた。

バフェットが出した数学のクイズ（直観に反する確率の問題）をソープがたちまち解いたことで2人は意気投合し、バフェットは、自分が預かれない資金をソープのファンドに投資するよう知人に勧めた。ソープもバフェットの知力に感銘を受け、バフェットの投資会社となるバークシャー・ハサウェイの株を大量に買って大きな利益を得た。

評伝を読むと、子ども時代のバフェットとソープはとてもよく似ている。2人とも子どもの頃から数学の天才で、新聞配達をして貯めたお金でビジネスを始め、中学生になる頃には自力で（いまの価値で）100万円以上の資産をつくった。大学の授業は、好きな科目なら教科書をいちど読んだだけですべて暗記していた。[*4]

バフェットとソープは、たんに金融市場を攻略する方法が異なるだけで、出会った瞬間に自分たちが同類だとわかったのだろう。

野心的な数学者

エドワード・ソープが運用するヘッジファンド、PNPがマイケル・ミルケンのスキャンダルに巻き込まれていた1988年、ニューヨーク州の高級住宅地ロングアイランドの一角でメダリオンというヘッジファンドがひっそりと運用を開始した。運用責任者はジェームズ・サイモンズという数学者で、ルネサンス・テクノロジーズという新興投資会社の唯一のファンドだった。[*5] ——日本ではSimonsを「シモンズ」と表記しているが、彼の場合は「サイモンズ」が正しい。数学者としての業績は日本で「チャーン＝サイモンズ不変式」と呼ばれており、「シモンズ」ではこの数学者とヘッジファンド・マネージャーが同一人物だとわからなくなってしまうので、本書では「サイモンズ」で統一する。

サイモンズの父親は映画会社の営業マンで、結婚後は義父の経営する高級婦人靴メーカーの工場長として働いた。典型的な中流階級の家庭で大切に育てられたサイモンズは子どもの頃から数や図形に夢中で、数学者か科学者になることを夢見ていた。望みどおりMITの数学科に入学すると、3年で学士号を取得し、大学院に進むことになった。

サイモンズが他の「数学オタク」とちがっていたのは、冒険心に富んでいたことだ。大学院に入る前に、友人たちと3人でベスパ（スクーター）でボストンから7週間かけて南米コロンビアのボゴタまで行く冒険旅行を敢行した。

数学者の一般的なイメージともうひとつちがっていたのは、コミュ力が高いことだ。卒業後、国防省の分析研究所（IDA）に職を得たサイモンズは、ソ連の暗号の検知と解読に取り組み、チームリーダーとして高く評価されたが、ベトナム戦争に反対する投稿を『ニューヨーク・タイムズ』に送ったことで解雇されてしまう。

そんなサイモンズに声をかけたのがロングアイランドにあるニューヨーク州立大学ストーニーブルック校の校長で、州知事だったネルソン・ロックフェラーの肝いりで、この無名の大学を「東のバークレー」にしようとしていた。サイモンズは当時、弱冠30歳だったが、数学科を率いてみないかというのだ。

この野心的なオファーを引き受けたサイモンズは、驚くような手腕を発揮した。給料を大幅に引き上げたり、自由な研究環境を約束し休暇を増やすなどあの手この手で新進気鋭の数学者を口説き落とし、優秀な若手20人を集め、わずか1年あまりで世界トップクラスの幾何学研究の拠点を築いたのだ。

サイモンズは研究者たちが平等な立場で刺激し合う環境づくりにちからを尽くし、講義の負担を抑えて教授たちが楽しく過ごせるようにし、毎週のようにパーティを開いて同僚たちを芸術家や左翼の知識人などに引き合わせた。ほかの教授のオフィスに立ち寄っては、どんな研究に取り組んでいるのか、なにか手助けできることはないかと聞いて回ることもあった。

サイモンズは37歳でアメリカ数学会の幾何学賞を受賞し、研究者としても大学人としても絶頂期にあったが、突然、学問を捨てて投資の世界に転身する。家庭生活がうまくいかなくなったこともあるが、なによりも自分の能力を金融市場で試してみたかったのだ。

アノマリーを探せ

１９７８年、サイモンズは40歳でテニュア（終身教授）の身分を捨て、大学からほど近いさびれた商店街の、婦人服店やピザ屋の並ぶ一角の商店を改装して「マネメトリクス」という会社を起ち上げた。「マネー（お金）」と「エコノメトリクス（計量経済学）」を組み合わせた社名で、金融市場を統計的に分析して利益をあげることを目指し、最初のヘッジファンド「リムロイ」を起ち上げた。

サイモンズはゼロから世界有数の数学科をつくりあげたのと同様の手法で、優秀な数学者で、なおかつ（自分と同じように）金儲けに興味のある者に声をかけた。そして実際に、華々しい業績をもつ数学者が集まってきた。彼らには、離婚のためにお金が必要だとか、うつ病を患っていて研究生活が続けられないとか、サイモンズの誘いに乗るなんらかの理由があった。

サイモンズが目指したのは、市場の動向を読んで人間が投資判断をするのではなく、コンピュータのアルゴリズムが自動的に取引指示を出し、「寝ているあいだに稼いでくれる」モデルをつくることだった。そのためには大量のデータが必要で、ロワーマンハッタンにある連邦準備銀行にスタッフを送って、まだ電子化されていない過去の金利などの情報を書き写すことまでした。

だが実際には、満足のいくシステムをつくるにはデータもコンピュータの能力も足りず、けっきょくは人力に頼る以外なかった。1982年に、将来有望なテクノロジー企業の支援をはじめたことで社名をルネサンス・テクノロジーズに改称、84年に共同経営者が巨額の損失を被ったことでリムロイを閉鎖、直感と本能を捨てて、確率方程式を使ったトレーディングシステムを本格的に稼働させた。これが新ファンド「メダリオン」で、当時の常識に反し、短期の取引を頻繁に行なった。

サイモンズの目標は、メダリオンをカジノのようにすることだった。カジノのビジネスは、毎日膨大な賭けをして、2分の1よりわずかに高い勝率を維持する。同様に、たくさんのトレードをして、そのうち51％だけ勝つようにすれば、1回あたりの取引で大きなリスクを取らずに確実に利益を積み上げることができるはずだ。

金融市場が完全に効率的ならば、コインを投げて裏か表かを賭けるのと同じで、どのような戦略でも長期的には手数料分だけ負けることになる。ソープがワラントでマーケットに勝ったのは、効率的市場仮説から数学的に算出された理論価格と、投資家がつける価格に大きな乖離《かいり》があることを発見したからだ。

だがサイモンズは、そもそも市場が効率的だという前提に疑いをもった。データを分析すると、「金曜日と同じ値動きが翌週月曜日も続き、火曜日になると以前のトレンドに「回帰」する」という傾向が見つかった。前日の取引から翌日の値動きを予測できるのは「二四時間効果」、はっきりとした上昇トレンドがあれば、金曜の終値で買って月曜の始値で売ると儲かるのは「週末効果」と名づけられた。これはフロアトレーダーが、週末に悪いニュースが起こって損失を負うことを嫌って、金曜にいったんポジションを清算するからだとされた。

もっとも、サイモンズにとっては「なぜそうなるのか」の理由はどうでもよかった。再現可能なアノマリー（市場の歪み）を見つけさえすれば、それだけで儲かるのだ。

ちなみに、本章の冒頭で紹介した「一人ヘッジファンド」の山本さんの戦略も同じで、稼働していた4本のプログラムの1つは、日本の商品市場の板寄せ（始値の算出方法）の特殊性を利用し、前日の終値で売り、翌日の始値で買うというシンプルな戦略だった。

シグナルとノイズ

市場のアノマリーを見つけ、それを投資戦略に活用するというのは、サイモンズたちの独創ではなく、トレーダーなら誰もがやっていることだった。メダリオンは、「統計的な手法を使ってビッグデータからアノマリーを発掘する」新興ヘッジファンドの1つでしかなかった。

だが1990年代になると、サイモンズはまったく新しい発想でファンドを運用することを考えはじめる。それまでは、株式市場、商品市場、為替市場など市場別に、あるいは金、原油、トウモロコシなど商品ごとに最適化した投資戦略を使うのがふつうだった。だがこれでは、取引規模が大きくなるにつれてモデルの数が増えて管理不能になってしまう。

このジレンマを解決するには、すべての金融市場に適応できる「たったひとつの汎用的なモデル」が必要だった。それは、膨大なデータから価格の歪みや相関性を抽出し、トレードのシグナルを自動的に発するだけでなく、市場の変化に応じて逐次的に学習し、投資戦略を変えていくアルゴリズムでなければならなかった。サイモンズは、いまでいう「機械学習するＡＩ（人工知能）」にトレードさせようとしたのだ。

だがここで大きな壁に突き当たる。先物市場ではうまくいくシステムが、株式市場ではまったく機能しないのだ。計算上では大きな利益を生むはずなのに、実際にやってみると損失が生じてしまう。先物市場だけでは大きな資金を運用できないので、このままではせっかくのトレーディングシステムも宝の持ち腐れだ。

優秀な数学者たちがこの問題を克服しようと奮闘した結果、その原因を突き止めることまではできた。売買のシグナルを検知する感度が高すぎて、実際の取引データを使うと無意味なトレードを繰り返すことになり、それによって損をしてしまうのだ。だが、これを避けるために感度を下げると、こんどは取引のチャンスを逃して利益を得られない。

この難問を解決するためにサイモンズがスカウトしたのが、ＩＢＭの研究所にいた２人のコンピュータ技術者、ピーター・ブラウンとロバート・マーサーだった。当時、彼らのチームは（投資とはなんの関係もなさそうな）音声認識プログラムを開発していた。

音声認識というのは、人間が話す言葉をコンピュータに認識・処理させる技術で、音声対話型のAIアシスタントだけでなく、自動翻訳や音声合成システムなどにも2人が開発したモデルが使われている。それは、「コンピュータ言語学と音声処理の分野で革命的な変化を引き起こした」とされる。

サイモンズがなぜブラウンとマーサーの研究に興味をもったかというと、人間が話す自然言語には多くのノイズがあり、コンピュータにそれを正しく読み取らせるには、どれが必要な情報で、どれがノイズなのかを高精度で判別しなければならないからだ。この課題は、株式市場の膨大なデータのなかから正しいシグナルとノイズを判別するという、当時のメダリオンが抱えていた問題ととてもよく似ていた。

ルネサンス・テクノロジーズに加わったブラウンとマーサーは見事にこの難問を解決し、株式市場からビッグデータを吸い上げ、自ら学習し順応するアルゴリズムが完成した。これによって、サイモンズが夢見ていた「寝ているあいだに稼いでくれる」モデルが現実のものになったのだ。

「人間の愚かさ」が利益を生む

ブラウンとマーサーの参加で完成したトレーディングシステムは1995年に実装され、メダリオンは株式市場からより大きな収益をあげられるようになった。それは市場の価格の変化から学習し、収益機会をすばやく検知して取引を実行するAIであり、どのようなマーケット状況でも最適なパフォーマンスを実現できるとされた。

実際、サブプライムローン問題に端を発した金融危機では、多くのヘッジファンドが巨額の損失を被り破綻するなか、メダリオンは2007年に73・7%、08年に82・4%という驚異的なリターンをあげ、その圧倒的なパフォーマンスを見せつけた。これによってサイモンズは、クォンツ系ヘッジファンドの頂点に立つことになった。

メダリオンのトレーディングプログラムは実際には何をやっていたのだろうか。これについては『ウォールストリート・ジャーナル』のグレゴリー・ザッカーマンが、研究者らへの取材にもとづいてこう書いている。

> (サイモンズは)経済学者や心理学者が編み出したからといって統計学的な方法論を取り入れることもなかったし、投資家のバイアスを避けたり、そこにつけ込んだりするためのアルゴリズムをプログラミングすることもなかった。しかしやがて、自分たち

が収益を上げている一因はそのような投資家の過ちや過剰反応にあって、開発中のシステムを使えば同業トレーダーたちに共通する過ちにうまくつけ込めるだろうと考えるようになった。

「実際にモデリングしているのは人間の行動だ」と、ルネサンスの研究者ペナビックは説明する。「ストレスが高いときの人間の行動が一番予測しやすい。直観的に行動してパニックになるからだ。人間という役者が以前の人間と同じように反応するっていうのが、俺たちの大前提だ。そこにつけ入ることを学んだのさ」

投資家が完全に合理的ならば、効率的市場仮説の信奉者が主張するように金融市場の歪みは瞬時に解消され、ヘッジファンドの収益機会もなくなる。それにもかかわらずヘッジファンドが莫大な収益をあげているという事実が、市場には理論よりもはるかに多くの歪みがあることを示している。なぜなら、人間はほとんどの場合、合理的には選択・行動しないから。

アノマリーというのは、要するに「人間の愚かさ」のことだ。ルネサンス・テクノロジーズの数学者や物理学者は当初、その歪みから利益を得るプログラムを自分たちで組んでいたが、やがて「機械」がすべて行なうまでに進化した。それが「人間の愚かさ」を発見するアルゴリズムである以上、愚かさの象徴である金融危機で莫大な利益をあげたのも当然だった。

現代のミダス王たち

ヘッジファンドは金融市場をハックする手法を競っているが、その秘密は研究者たちの頭のなかにあるので、特許などによって保護することが難しい。こうして、独立したスタッフが次々と似たようなヘッジファンドを起ち上げることになる。

この問題に対して、ほとんどのファンドは徹底的な管理主義と、各自の担当以外のことをいっさい知らせない秘密主義によって対処している。だがサイモンズは、国防省の研究所でマネジメントをしたり、大学の数学科を率いたときの経験から、このやり方ではうまくいかないことがわかっていた。よいアイデアは、さまざまなバックボーンをもつ者たちの活発な議論のなかから〝創発〟するのだ。

そのためサイモンズは、ルネサンス・テクノロジーズに「並々ならぬオープンな企業文化」を植えつけた。社員たちは同僚と自由に共同研究できたし、行き詰まったときは情報を共有して助けを求めることができた。定期的に集まってはプロジェクトの進展具合を議論し、ほとんどの社員が狭いランチルームで近所のレストランの出前を一緒に食べた。

こんなことをしたら、社員がトレーディングプログラムの重要な秘密を知ってしまうのではないだろうか。たしかにそのとおりなのだが、ルネサンス・テクノロジーズはほとんどスタッフが辞めないため、情報の流出が防がれてきた。サイモンズは、数学や物理学の最高の知性を集め、ファンドの巨額の収益を公正かつ気前よく分配したので、社員にはこの快適な環境を手放す理由がなかったのだ。

メダリオンは２０１０年以降、安定して毎年50億ドルから80億ドルの収益をあげている。社員は約３００人（その4分の1が博士号取得者）で、円換算で６０００億円の利益を平等に分配したとしたら１人あたりの平均年収は20億円になる。もちろん分配率はサイモンズや古参幹部が高く、新入りのスタッフは低いだろうが、これだけ収益率が高いと、何年か働いて貢献すれば数十億円の資産をもつ者はいくらでも出てくるだろう。

しかしその一方で、メダリオンは一般の投資家を締め出し、社員しか投資できないようにするなど、どんどん秘密主義的になっていった。株式を長期で保有するのとは異なって、短期トレードは自らのポジションで市場を動かしてしまうため、利益をすべて再投資することができず、運用の上限が決まっている。その結果、社員の持ち分が多くなるにしたがって、他の投資家を排除せざるを得なくなるのだ。

メダリオンの運用資産額は１００億ドル（約1兆１０００億円）で、これは10年ちかく変わっていない。それに対してサイモンズの個人資産は200億ドル（約2兆2000億円）とされ、ファンド本体の2倍もある。そのためサイモンズは、現金で受け取った報酬を投資コンサルタントのアドバイスを受けて運用している。

ヘッジファンド・マネージャーが10億円を超える年収を得ているとして、「強欲資本主義」の象徴としてしばしば批判されるが、これは一面的な見方だ。

当然のことながら、資産は複利で運用した方が効率がいいし、税金も安くなる。長期投資でファンドの規模に上限がないウォーレン・バフェットは個人資産をバークシャー・ハサウェイで運用し、10兆円を超える富を築いた。ルネサンス・テクノロジーズの平均リターンは年率39・1％（1988〜2018年）で、バークシャー・ハサウェイの年率20・5％（1965〜2018年）を大きく上回っているが、サイモンズの個人資産がバフェットの5分の1なのは複利の運用ができないからだ。運用額に限界があるヘッジファンド・マネージャーは、収益を現金で（仕方なく）受け取ることで所得税を支払い、社会に貢献しているのだ。――個人資産がトヨタの時価総額30兆円を超え、人類史上未曾有の大富豪になったイーロン・マスクが、「納税義務を果たしていない」と批判され、保有しているテスラ株の10％を売却することになったのはこれが理由だ。

サイモンズはリベラルな民主党支持者で、最大の資金提供者でもあるが、CEO（最高経営責任者）を引き継いだロバート・マーサーは共和党支持の右派で、2016年の大統領選ではトランプ陣営の選挙責任者にスティーブン・バノンを据え、巨額の資金を提供して異形の大統領を誕生させる立役者になった。このことでサイモンズはずいぶん批判されたが、「政治的信念を理由にクビにすることなんてできない」と釈明している。

ギリシア神話のミダス王は、触れるものすべてを黄金に変える能力を得たという。システムが稼働するかぎり、永久に巨額の現金が払い戻されてくる（すくなくともルネサンス・テクノロジーズの社員たちはそう信じている）ヘッジファンドは、この神話を現実のものにした。だとしたら、その富で豪邸や大型クルーザーを買うだけでなく、自らの信念のために「散財」したとしても不思議はないのだろう。

株式市場の「錬金術」

ルネサンス・テクノロジーズの「天才」たちが行なったのは、簡単にいうならば、金融市場から「人間の愚かさ」を抽出し、それを富に変えることだった。しかしこの「錬金術」は、数学や物理学、統計学の高度な知識をもっている者にしかできないわけではない。人間の欲望と愚かさが金融市場に歪み（収益機会）を生み出すことはずっと前から知られていた。

「仕手」は能の主役であるシテが語源とされ、投機的な取引に向いている銘柄（株価が安く、浮動株比率が低く、時価総額が小さい）を選び、信用取引で買い上げると同時に、個人投資家に情報を流して買いを煽る（これを「提灯をつける」という）。これに対して別の投機家が空売りによって参入するのが「仕手戦」で、相場の花と呼ばれた。

誘蛾灯に虫たちが集まってくるように、仕手相場に個人投資家が引きつけられるのは儲かるチャンスがあるからだ。提灯買いでも、買い方が優勢なら株価は青天井で上がっていく。売り方が優勢になれば空売りして、株価が暴落したところでさらに儲けることもできる。

とはいえこれは机上の空論で、仕手相場に手を出した個人投資家は、高値で買って売り時を逸し、ほとんどの場合大損することになる。仕手筋の買い方と売り方が裏でつながっていて、じゅうぶんに高値になったところで一気に売りに転じるからだ。

このように仕手は、相場師が〝情弱な〟個人投資家をカモにして儲ける手法なので、相場操縦としてきびしく規制されている。短期のトレーディングはゼロサムゲームだから、相場師の儲けは個人投資家の損失からもたらされるしかない。

1980年代の日本のバブル景気も、2008年の世界金融危機の原因となったアメリカの不動産バブルも、ひとびとの欲望が生み出した市場の歪みだ。

90年代のバブル崩壊では、日本市場に目をつけた外資系金融機関や海外の投資家たちがさまざまな（ときには違法すれすれの）手法を駆使して、株価の暴落や地価の下落から巨額の利益をあげた（日本の金融機関は、デリバティブのような金融工学を使った投資手法にまったく対応できなかった）。[*6] 世界金融危機では、アメリカの不動産市場の崩壊をいち早く予見した投資家が莫大な利益を得た。[*7]

市場は人間の欲望の反映なのだから、そこにはつねに歪みがある。それこそが、「合理的な投資家」にとって収益の源泉なのだ。

「悪のヘッジファンド」に対する聖戦

2021年1月、コロナ禍のアメリカ市場で「ゲームストップ」という会社の株がいきなり急騰した。ゲームの大手販売会社だが、デジタル配信サービスの普及で小売店の業績は悪化し、株価も低迷していた。これに追い打ちをかけたのが感染症で、実質的にすべての店舗を閉鎖せざるを得なくなったことで、事業の継続は不可能と考えたヘッジファンドなどが空売りをはじめ、その額は公開株式数の1・4倍になるまで膨らんだ。

この状況を見て、ネット掲示板ラディットの株式フォーラムでは、ゲームストップを買い上げれば、売り方は損失を抱えきれなくなって株価は暴騰するはずだとの議論が活発に行なわれた。これは仕手相場では「踏み上げ」、英語圏では「ショートスクイーズ（ショート＝売り方を締め上げる）」と呼ばれており、買い戻しを余儀なくされるまで売り方を追いつめれば、買い方は莫大な利益を得られる。

この仕手戦に参加したのは多くが投資初心者の若者たちで、ロビンフッドという新興ブローカーを利用していた。ロビンフッドは２０１３年に設立され、「富裕層だけでなく、すべての投資家に金融市場へのアクセスを提供する」ことを会社のミッションに掲げ、歴史上の義賊の名を冠した。ロビンフッドがミレニアル世代（１９８０〜95年生まれ）に圧倒的に支持されたのは、株式の売買手数料が無料だったからだ（この仕組みについてはあとで説明する）。

若い投資家がロビンフッドを通して仕手戦に参加した背景には、経済格差が拡大する一方のアメリカ社会への不満や絶望がある。ゲームストップはゲーム愛好家を時給8ドルで雇っていたが、ヘッジファンドの空売りによって窮地に立たされていた。「強欲な資本主義」が貧しい若者たちからささやかな仕事の機会すら奪おうとしていると、義憤に駆られた者も多かったようだ。

それまで5ドル以下で取引されていたゲームストップ株は２０２０年の夏ごろから徐々に値を上げ、21年1月21日に40ドルを超えたところで一気に急騰し、27日には３４８ドルとわずか4営業日で8倍以上にもなった。まさに絵に描いたような踏み上げ相場だった。

ところが翌28日、ロビンフッドは取引の急増で金融機関への保証金が支払えなくなったとしてゲームストップ株の売買を停止し、株価は200ドル割れに急落した。個人投資家の多くは高値で購入していたため大きな損害を被り、ロビンフッドへの批判が沸騰し、連邦議会の公聴会が開かれ集団訴訟に発展する騒ぎになった。

29日に株価は325ドルまで回復したものの、2月半ばには40ドル台まで下落した。ネットではこの時期、ゲームストップ株の仕手戦は「悪のヘッジファンド」に対する「聖戦」と見なされており、買い支えるよう説得された個人投資家はこの局面でも大きな損失を被った。

その後、3月には265ドル、6月には300ドル台を回復するなど、株価は実態から大きく乖離した高値で推移している（2021年11月26日現在202ドル）。SNSなどネット情報だけで短期間で株価が大きく動くこうした銘柄は、「ミーム株」と呼ばれるようになった。

ゲームストップ株のネット掲示板での議論を主導した金融アナリストのキース・ギルは、この大相場で5万3000ドル（約600万円）の投資資金を最大で5000万ドル（約55億円）と1000倍ちかく増やしたが、公聴会では相場操縦の意図はなかったと証言した。

HFTとフロントランニング

ゲームストップ株の仕手戦の舞台となった新興ブローカー、ロビンフッドは、株式の売買手数料を無料にすることで若い投資家に圧倒的に支持された。だが、証券会社の収益は売買手数料なのだから、これを無料にしてどうやって利益をあげるのだろうか。

この謎を解くには、2000年以降の株式市場を席捲《せっけん》したHFT（High Frequency Trading＝高頻度取引）について説明しなければならない。ルネサンス・テクノロジーズなどのヘッジファンドは金融市場の歪み（人間の愚かさ）をハックするが、HFTは金融市場の仕組みそのものをハックしているのだ。

HFTの内幕を広く世に知らしめたのがマイケル・ルイスの"Flash Boys（フラッシュ・ボーイズ）"[*8]で、主役はブラッド・カツヤマという日系カナダ人だ。トロントの銀行からウォール街にトレーダーとして異動になったカツヤマは、2007年頃、奇妙な現象に気づいた。顧客から注文を受けて株を買おうとした瞬間に、売り注文が消えてしまうのだ。

同じようなことが繰り返し起きたことで、カツヤマは何者かがフロントランニング（先回り取引）しているのではないかと疑いはじめた。だが投資業界の知人に訊いても、当時は誰ひとり、その理由を説明できる者はいなかった。

フロントランニングは取引所の場立ち（フロアトレーダー）が行なう古典的な違法行為だ。

10万株のトヨタ株の買い注文を受けたトレーダーは、そのとき市場に出ている最安値の売り注文とつき合わせて取引を成立させなければならない。それが9865円だとすると、フロントランニングでは先回りしてこの売り注文を自分で購入し、1円を上乗せして9866円で投資家に売りつける。フロアトレーダーはこの取引で、無リスクで労せず10万円の利益を手にできる。こうした行為が常習的に行なわれると株式市場の信用が崩壊してしまうので、日本でも海外でもフロントランニングはきびしく取り締まられている。

それにもかかわらず、なぜアメリカの株式市場で、フロントランニングでなければ説明できないような現象が日常的に起きているのか。これがカツヤマの疑問だった。

2000年代に入ると株式市場の規制が緩和されると同時に、証券市場での伝統的なフロアトレードは電子取引へと大きく変わっていった。これによってさまざまな特徴をもつ電子株式市場が創設されると同時に、大手金融機関が注文を市場に出さず、自己取引で処理することができるようになった。トヨタ株の買い注文を受けた証券会社は、トヨタ株を売りたい顧客がいれば、手数料を払って株式市場で取引するよりも自分のところでつき合わせた方がコストが安いのだ。こうした金融機関の私設市場は「ダークプール」と呼ばれる。

だがこれでは、金融機関は顧客に不利な価格で取引を執行してしまうかもしれない。そこでアメリカでは、注文を受けたブローカーは、その時点で顧客にもっとも有利な条件をすべての市場で調べ、その価格で取引することが義務づけられた。

ここまではもっともな話だが、すると次のような奇妙な現象が起きることになった。機関投資家がトヨタ株を買おうとして、株式市場の売り気配値は9867円だったが、ダークプールでは9865円の売り注文があったとしよう。この場合、ブローカーは安い方の価格で取引を成立させなければならないが、9865円の売り注文は一瞬で消えてしまい、その代わりにダークプールに9866円の売り注文が現われて売買が成立するのだ。

このケースでは、機関投資家は本来なら9865円で買えたはずのトヨタ株に9866円を支払っているが、約定価格は株式市場の売り気配値（9867円）より安いため、このことに気づかない。

このフロントランニングをやっているのがHFT業者で、すべての市場の取引を監視し、ブローカーを通して売買注文が出るたびに、もっともよい価格の注文を先回りして消してしまい、わずかな利益を上乗せして投資家に売りつけているのだ。HFT業者はこうした取引を1日に何万回、何十万回と行なうことで莫大な利益をあげている。

30代半ばでビリオネア

ヴラッド・テネブはブルガリアで生まれ、世界銀行に勤める両親とともに5歳のときにアメリカに移住した。スタンフォード大学で数学の学士号を取得し、UCLAの大学院に進んだあと、会社を興すために中退。2010年に設立したのはセレリスというHFTのトレード会社だったが、翌年には事業を放棄し、13年、大学時代の友人でインド系アメリカ人のバジャ・バットとロビンフッドを起ち上げた（サービス開始は15年）。

2011年の「ウォール街を占拠せよ」の運動に触発されたという「スマホで取引できる手数料ゼロの証券会社」のアイデアは大成功し、またたく間に3000万人以上の顧客（その8割はミレニアル世代）を獲得した。ロビンフッドは2021年7月にナスダックに株式を上場したが、そのときの時価総額は約290億ドル（約3兆円）で野村ホールディングスの約2倍だ。創業者の2人は、30代半ばでビリオネア（資産10億ドル超）に名を連ねた。

ロビンフッドのビジネスが成立するのは、個人投資家の膨大な注文をHFT大手のシタデルなどに回送してリベートを受け取っているからだ。調査会社によると、2020年7～9月の3ヵ月でロビンフッドがHFTから受け取ったリベート収入は約2億ドル（220億円）に達した。

なぜHFTはロビンフッドに巨額のリベートを支払うのか。それはもちろん、それ以上に儲けることができるからだ。ブローカーがHFT業者に注文を回送することは、「ペイメント・フォー・オーダーフロー（PFOF）」と呼ばれてアメリカで大きな議論になっている。ＨＦＴ側は反論しているが、いちばんの疑惑は「投資家にとって不利な価格で注文を執行しているのではないか」というものだ。

突き詰めて考えるならば、金融市場に「フリーランチ」はないのだから、ＨＦＴが得る利益は誰かが負担しなければならない。それは投資家以外にはおらず、「ロビンフッドのビジネスモデルは、金融市場をカジノに変えて顧客を食い物にしている」との批判には説得力がある。

実際、ロビンフッドは投資資金のない若い顧客にも、レバレッジをかけてギャンブル性を高めた株式の信用取引やオプション取引を提供している。２０２０年6月には、オプション取引の損失が「73万ドル（約８０００万円）」と表示された20歳の大学生が自殺する事件が起き、誤解を招く表示だとして強い批判を浴びた。

それにもかかわらず、「手数料無料」のインパクトは大きく、イートレードなど老舗のディスカウントブローカーだけでなく、大手ブローカーのチャールズ・シュワブまでが手数料廃止を発表してロビンフッドのビジネスモデルに追随することになった。

理想と現実

ＨＦＴによるフロントランニングは、アメリカの証券取引ルールでは違法とはいえないもののグレーゾーンにある。「市場に流動性を提供する」という理屈をつけたとしても、それが投資家の知らないあいだに「手数料」を課していることは間違いない（そうでなければHFT業者は利益を得られない）。取引所がなぜそれを容認しているかというと、HFT業者から多額のリベートを受け取っているからだ。――2011年にはナスダックの収益の3分の2以上をHFTが稼いでいた。

HFT批判の急先鋒となったブラッド・カツヤマは、こうした事態を放置しておくのは不公正だとして、証券取引所IEX（Investors Exchange）を2016年に開設した。IEXはすべての注文が同時に届くように調整することでHFTが優位性を発揮できなくしており、機関投資家や個人投資家に向けて、他の取引所や金融機関のダークプールより有利な価格で注文を成立させられるとアピールした。

IEXは当初、取引所だけでなく大口の機関投資家を顧客とする投資銀行からも相手にされなかったが、やがてゴールドマン・サックスから大量の注文が送られてくる。これが『フラッシュ・ボーイズ』のクライマックスになっているが、その後は、新興の取引所としては健闘しているものの、マーケットシェアは2～3％にとどまっている。

カツヤマの理想は高いものの、問題は、IEXに注文を流すブローカーは投資家から手数料を取るしかないことだろう。理屈のうえではこの手数料は、最良価格で取引が執行されることで埋め合わせられるはずだが、「無料」と「99円」では心理的なインパクトのちがいは大きい。資金も投資知識もない初心者に「どちらがいい？」と訊けば、答えは明らかだろう。

売買コストをすこしでも引き下げたい機関投資家には、ＩＥＸで取引を行なうようブローカーに指示する合理的な理由がある。だが「手数料無料」に魅力を感じる個人投資家は、機関投資家と同じようには考えない。

皮肉なことに、ＩＥＸの登場によって、ロビンフッドのビジネスモデルに正当性が与えられた。

情報の乏しい個人投資家が「手数料無料」の証券会社を利用すると、注文はＨＦＴに回送されて不利な価格を押しつけられる。この仕組みを「不公正」と感じるひとは多いだろう。だがＩＥＸのような「公正」な取引所が存在することで、売買手数料を払うことと引き換えにＨＦＴを排除し、最良の価格で取引できるようになった。だとしたら、どちらの方法でコストを負担するかは投資家が自由に決めればいいことだ。

このようにしてカツヤマの高邁《こうまい》な理想は、結果として、個人投資家を顧客とするブローカーの多くが、ＨＦＴからのリベートで手数料を無料にする流れを後押ししたのではないだろうか。

裁判で証明された「ギャンブル必勝法」

エドワード・ソープはカードカウンティングによってブラックジャックに必勝法があることを数学的に証明し、クロード・シャノンと組んでルーレットを物理的に攻略しようとした。のちにドイン・ファーマー、ノーマン・パッカードという2人の若い物理学者を中心とするチーム(古代ギリシアの幸福＝エウダイモニア追求主義から「エウダイモン」と名づけられた)が、ルーレットのボールに加わる主要な力を数式に取り込むことで、どのポケットに落ちる確率が高いかをコンピュータで計算できることを示した。[*9]

だが私企業であるカジノは、理由なく顧客のゲームへの参加を断ることができるので、ギャンブル必勝法は理論的に不可能か、仮に可能であっても実践は困難とされてきた。

――2004年、ロンドン、リッツホテルのカジノのルーレットで1晩で120万ポンド(約1億8000万円)勝った3人組は、通報されて詐欺罪で逮捕された。警察は9ヵ月にわたって3人を調べたが、ゲームに干渉した証拠はないとして9ヵ月後に捜査を打ち切り、賞金を返還した。

ギャンブル必勝法が存在すればカジノは破産してしまうのだから、それが不可能なのは自明に思える。とりわけ競馬などの公営ギャンブルは、興行主(日本中央競馬会など)が平均25%の手数料を差し引き、期待値は75%程度しかなく、統計学的には、長期で賭けつづければ大きな損失を被るに決まっている、とされてきた。

だが2017年、ギャンブルの経費をめぐる最高裁判決で、6年にわたって年間数億円から数十億円の馬券を買っていた被告が、すべての年で利益をあげ、多い年には2億円を上回る収益を手にしていたことが認定された。このケースでは、被告は外れ馬券の購入代金を必要経費として控除したうえで確定申告を行なっていたが、国税から（経費の認められない）一時所得だとして2億円ちかい追徴課税を言い渡されて争っていた（2015年にも同様の事案の最高裁判決があったが、このケースでは被告は申告そのものを行なっていなかった）。

ハックされる個人投資家たち

「勝てるはずのない」競馬で巨額の利益を得ていた者が実際にいたことは一時期話題になったものの、「ギャンブルの科学」を知っている者にはさほどの驚きはなかっただろう。

すでに1980年代には、香港のハッピーヴァレー競馬場のデータを統計解析したベッティング・シンジケート（賭け会社）が活動しており、大きな利益をあげていたからだ。[*10]

その手法の一部は、シンジケートを結成したビル・ベンダーが1994年に論文として発表している。ベンダーはこの論文で、勝敗に関係する要因を回帰分析で見つけ出し、モデルの勝率とオッズ（賭け率）の乖離によって賭ける額を最適化することで、興行主が課すコストを上回る利益をあげられることを示した。最高裁で争った男性は、日本の競馬の統計データを使って同様の統計解析を行ない、よりきびしい条件（香港競馬の控除率は19％）でも「勝てる」ことを証明したのだ。

競馬はゼロサムゲームで、興行主はあらかじめ自分の利益を控除するのだから、どのようなケースでも利益を確保できる。だとしたら、ベッティング・シンジケートの利益はどこから来たのだろうか。それはもちろん、統計的な賭け方などまったく知らない一般の競馬ファンの損失だ。興行主とシンジケートは、馬券で「夢」を買った善男善女のお金を分け合っている。

競馬だけでなく、いまではサッカー、野球、バスケットボール、アメリカンフットボールなど、あらゆる競技でスポーツベッティングの会社が登場し、金融機関や技術系のメーカーと競って、数学の学位をもつ優秀な学生を採用している。アメリカやイギリスでは、ベッティング・カンパニーは合法的な営利企業で、高収入・好待遇で優秀な学生に人気の就職先だ。こうした会社は、競馬と同じく、スポーツファンの賭け金を興行主と分け合うことで巨額の利益をあげている。

ところで、この話はすでに聞いたことがあるのではないだろうか。短期トレーディングはゼロサムゲームで、金融市場は巨大なギャンブル場だ。トレーディングでもギャンブルでも、一部の（きわめて）賢い者たちが高度な数学や物理学、統計学を駆使してシステムを攻略しようとすれば、同じ結果になるのは当然だろう。ルネサンス・テクノロジーズが投資家の愚かさ（アノマリー）を収益化したように、ベッティング・カンパニーはギャンブラーの愚かさを収益化しているのだ。

経済格差が拡大するアメリカでは、若者たちは親世代のような成功を手にできないのではないかという強い不安を抱えている。未知の感染症が広がったことで、仕事を失ったり収入が減った者も多かった。だからこそ、給付金などを原資に株式市場に投資し、「人生の逆転」を夢見た。

ロビンフッドを通じてゲームストップ株の仕手戦に参入した個人投資家は、自分たちが金融市場をハックできると信じていた。だが実際には、ルネサンス・テクノロジーズのようなヘッジファンドやＨＦＴ業者、あるいは買いを煽った仕手筋によって、自分たちがハックされていたのだ。

「ラスベガスとウォール街を制した男」のアドバイス

日本にも成功した個人投資家はいるし、20年間で３００万円を30億円に増やした山本さんのようなケースもあるから、「金融市場は効率的で、誰も長期には利益をあげられない」という効率的市場仮説は疑わしい。だがその一方で、ジョージ・ソロスやウォーレン・バフェット、エドワード・ソープ、ジェームズ・サイモンズなどの成功者を見れば、彼らが「特別」な能力に恵まれていたことがわかる。市場は（私のような）凡庸な者にとってはじゅうぶんに「効率的」なのだ。

じつは「一人ヘッジファンド」の山本さんもこのことに気づいていて、最先端のヘッジファンドが相手では自分にエッジはないとして、米国株のような大きな市場には手を出さなかった。その代わり、海外の機関投資家が参入しない国内の商品先物市場で小さな利益を積み上げていくシステムを構築したのだ。

「ギャンブルと投資の神に選ばれし者」であるエドワード・ソープは、個人投資家が金融市場をハックするのは不可能であることを前提に、「インデックスファンドを買いなさい」「よい株を長くもちなさい」とアドバイスしている。この言葉は、（本来の意味での）ヘッジファンドの創始者で、短期トレーディングで利益を積み上げてきたソープがいうからこそ、強い説得力がある（ちなみに「投資の神様」ウォーレン・バフェットも同じことをいっている）。

膨大なデータから市場の歪みを発見し、エッジがある（統計的に勝率が上回る）状況で正しく賭け金を積まないかぎり、投資家は手数料コストの分だけ損をしてしまう。短期トレードでこれを繰り返せば、損失が累積して手持ち資金をすべて失ってしまう。

一般の投資家がこの罠を避ける方法は、「手数料コストをできるかぎり払わない」しかない。これが、インデックスファンドと長期投資の組み合わせが有利な理由だ。

株式市場の大きな特徴は、経済成長にともなって賭けの期待値が上がっていくことだ。これは、長くもっていると当たりくじが増えていく宝くじに似ている。だがこの大きなアドバンテージは、短期で売買を繰り返すことで消えてしまう。

さまざまな波風はあるだろうが、「ゆたかになりたい」「幸せになりたい」というひとびとの欲望によってグローバル市場が今後も拡大していくのなら、この投資法が長期的にはもっとも高い確率で報われることになるはずだ。

「ラスベガスとウォール街を制した男」ソープは、こういっている。

(日本ならNISAやiDeCoのような)非課税口座で投資している人や財団などは、株式に投資するならアクティブ運用からノーロード(販売手数料なし)で幅広く投資を行うインデックスファンドに乗り換えたほうがいいかもしれない。アクティブ運用で行くなら、それで大きなエッジが得られると考えていい強力な根拠が必要だ。私の経験では、優れた銘柄選択能力なんてそうそうあるものではない。ということは、だいたいみんな、インデックスファンドにしといたほうがいいということだ。

「もっとも賢い億万長者」であるジェームズ・サイモンズはどういっているのだろうか。こちらは、2019年に母校MITで行なった講演で説いた成功法則を紹介しておこう。

できるだけ賢い人、できれば自分よりも賢い人と仕事をせよ。……簡単にあきらめずにやり通せ。

---

*1 以下の記述と引用はマイケル・T・カウフマン『ソロス』（金子宣子訳、ダイヤモンド社）より
*2 以下の記述と引用はエドワード・O・ソープ『天才数学者、ラスベガスとウォール街を制す　偶然を支配した男のギャンブルと投資の戦略』（望月衛訳、ダイヤモンド社）より
*3 翻訳はベン・メズリック『ラス・ヴェガスをブッつぶせ！』（真崎義博訳、アスペクト）
*4 アリス・シュローダー『スノーボール　ウォーレン・バフェット伝』伏見威蕃訳、日経ビジネス人文庫
*5 以下の記述と引用はグレゴリー・ザッカーマン『最も賢い億万長者　数学者シモンズはいかにしてマーケットを解読したか』（水谷淳訳、ダイヤモンド社）より
*6 ベン・メズリック『東京ゴールド・ラッシュ』真崎義博訳、アスペクト
*7 マイケル・ルイス『世紀の空売り　世界経済の破綻に賭けた男たち』東江一紀訳、文春文庫
*8 翻訳はマイケル・ルイス『フラッシュ・ボーイズ　10億分の1秒の男たち』（渡会圭子・東江一紀訳、文春文庫）

＊9　ジェイムズ・オーウェン・ウェザーオール『ウォール街の物理学者』高橋璃子訳、ハヤカワ文庫ＮＦ
＊10　アダム・クチャルスキー『ギャンブルで勝ち続ける科学者たち　完全無欠の賭け』柴田裕之訳、草思社文庫

PART 3

脳をHACKせよ

——あなたも簡単に「依存症」になる

買い物依存症の地獄

作家・菜摘《なつみ》ひかるの短編「買って買われて」は、30歳過ぎの買い物依存症の女の話だ。

藤田亜矢子《あやこ》は有名国産アパレルメーカーのレディスブランドの店長をしていたとき、自社製品の新作を七掛けの社販で買うだけでなく、化粧品や海外ブランドのバッグなどをカードのリボルビング払いで購入していた。やがて支払いに窮し、生活費の捻出もままならなくなってホテトルのバイトを始めたが、それは不倫関係にある、「いくら願っても自分のものにはならない」本社営業の妻子持ちの男に対する当てつけでもあった。

亜矢子は、仕事でストレスがたまったり、男に会えない日が続くと狂ったように買い物をした。過食嘔吐もひどく、一晩に「ケーキ一ホールと菓子パン五個と板チョコ二枚とプリンとビスケット」を餓鬼のような形相でむさぼり食い、気持ち悪さと後悔と太る恐怖から指を喉に突っ込んで吐いた。

そんな生活で体調を崩し会社を辞めると、亜矢子は専業の風俗嬢になり、さらに買い物にのめり込んでいく。

正面にアメコミ風のイラストが描かれたラグラン袖のカットソーを五秒で買った。

いかにもイタリーものらしい繊細なレースの抹茶色のブラとタンガのセットを試着して迷った末に買った。ガーターフリーの網タイツを一足買った。デパートの地下でパンをいくつか買った。

楽しくて嬉しくてあたしの頭は真っ白だった。

持ち手がゼブラ柄で右下にラインストーンでロゴが入っているデニムのボストンバッグを買った。襟のかたちの美しい張りのあるコットンのシャツを買った。デッドストックのハンカチを繋げてリメイクしたキャミソールを買った。細かいラメの入ったチェリーピンクのリップグロスを買った。鋲《びょう》のついた黒い革のベルトを買った。ヘアムースとハンドクリームと詰替用のボディソープを買った。

買い物しているときは、世界は虹色だった。だが東高円寺の狭いアパートに戻って紙袋を開け、鏡の前で順番に着てみると、店では素敵だと思ったものがなぜかすべて色褪《いろあ》せていた。

「空洞」を埋める

亜矢子は風俗店では〈椿〉という源氏名で働いていて、客あしらいが上手いことで店長からも重宝されていた。「商品」として相手が理想とする女になり切るだけで、客からも店長からも褒められ、感謝され、そのうえお金も稼げて、こんなハッピーなことはないと思った。

だが最近は、出勤途中にコンビニでジャンボシュークリームを買って、早足で歩きながら息もつかせず食らいつかないと事務所に行けなくなった。仕事のあとは身体じゅうが痒《かゆ》くてたまらず爪を立て、赤くミミズ腫《ば》れになるまで掻きむしった。

2人の娘を溺愛している愛人とひさしぶりに会うと、男は「今度は男の子が欲しいなあ」といったあと、はっと気づいたようにすまなさそうな顔をした。亜矢子は、「謝らないで。ときどき思い出して遊んでくれればあたしは満足なの」と、ものわかりのいい女を演じた。

そして翌日、クレジットカードを握りしめて新宿に買い物に出かけ、ふと子ども時代を思い出した。両親は美人の姉に夢中で、太っていて見栄えのよくない妹の亜矢子にはなんの関心もなかった。

買っているあいだの記憶はあまりない。ただただ気持ちよく、衝動に突き動かされ、正体の見えない恍惚《こうこつ》に取り憑かれているようにも感じるけれど、遠くから、そんな自分を醒めた目で見つめているもうひとりの自分が確実にいた。

あたしは一体なにに駆られて愚行を繰り返すのか。本当はもうわかっているのだ。しかしそこにある真実を認めるのは「彼ら」に対する敗北を意味している。

褒めて欲しかった。構って欲しかった。甘えさせて欲しかった。真剣に叱って欲しかった。相談に乗って欲しかった。無関心は辛かった。

——などとは死んでもいえない。だから買った服をあたしは次々と捨てる。


亜矢子は、自分のなかにある大きな空洞を埋めるためにひたすら買い物を続けなくてはならないのだ。

亜矢子の物語が収録された短編集にはこれ以外に、整形を繰り返して本当の顔がわからなくなった女、地方から上京し、ホストクラブにはまって風俗嬢になった女子大生、義父から性的虐待を受けセックス依存症になり、万引きがやめられない女が描かれている。共通するのは、誰もがこころと身体の「空洞」を埋めようとしていることだ。

セックス依存症の女は、わずか1万円で身体を売ることについてこう考える。


セックスが、誰かのためにできることの精一杯。所詮《しょせん》身体だけが目当てであっても、需要は一瞬の快楽のみだとしても、つねに屹立《きつりつ》した生きたペニスを突きつけられ、自分をたくさんの人間に求め続けられなければ、寂しくて寂しくて寂しくて寂しくて穴はますます広がるばかりだ。

ここには、風俗嬢として働いたあとに作家に転じた菜摘ひかるの体験が反映されているのだろう。短編集のタイトルは『依存姫』[*1]。作者は、この本が出版された2002年に29歳で世を去った。死因は明らかにされていないが、長く買い物依存症や向精神薬の多剤処方、うつ病に苦しんでいたことから自殺と思われる。

デザインされた依存症

文化人類学者でニューヨーク大学メディア文化コミュニケーション学科准教授のナターシャ・ダウ・シュールは、「1990年代初頭のラスベガスにおけるカジノのデザインおよび経営」をテーマにカリフォルニア大学バークレー校で博士論文を書いてから、およそ20年かけて"Addiction by Design; Machine Gambling in Las Vegas（デザインされた依存症　ラスベガスのマシン・ギャンブリング）"を世に問うた[*2]。

ラスベガスのカジノというと、わたしたちはルーレットやブラックジャック、バカラなどのテーブルゲームを思い浮かべる。だが2000年代に入って以降、カジノの収益の大半は「マシン・ギャンブリング」からもたらされており、その一方で深刻な社会問題を引き起こすようになった。

シュールは冒頭で、モリーというギャンブル依存症の女性を紹介する。

モリーは1980年代に3番目の夫とともにラスベガスに移り住み、ポータブルゲーム機のビデオ・ポーカーを夫に教えられた。そこから本格的なマシンに進み、週末にカジノで少しずつビデオ・ポーカーをしているうちにそれが何時間にも及び、やがて何日も入り浸るようになった。プレイするたびに金遣いは荒くなって、やがて2日で給料全額を注ぎ込み、プレイする金ほしさに生命保険を解約して現金化してしまった。

シュールが「大勝ちしたかったのか」と訊くと、モリーは短い笑い声をあげ、こうこたえた。

「初めのころは勝とうっていう意気込みがあったけれど、賭けつづけていくうちに、自分にどの程度勝算があるかわかるようになったから。ただ、賢くはなっても、それまでより弱くもなって、やめることができなくなっていました。今では勝ったら――ええ、勝つことだってありますよ、ときどきは――勝ったぶんをそのままマシンにつっこむだけ。人からは理解されないんですが、私は勝とうとしてプレイしてるんじゃないんです」

だったら、モリーはなんのためにギャンブルをしているのか？　「プレイしつづけるため――ほかのいっさいがどうでもよくなるハマった状態、〈マシン・ゾーン〉にいつづけるためです」と彼女は答えた。

日本は「マシン・ギャンブリング天国」

アメリカでマシンの収益がブラックジャックやバカラなどのテーブルゲームの収益をはじめて上回ったのは１９８０年代初頭で、それ以降、マシン・ギャンブリングを認可する州も設置台数・売上も右肩上がりで増えつづけ、１９９６年の50万台が２００８年には87万台ちかくに達した。ギャンブル業界の関係者は、２００３年にマシンが業界収益の85％以上をあげたと見積もっている。

アメリカには１００万台ちかいギャンブルマシンがあると聞いても、「なんだ、そんなものか」と思うひともいるだろう。実は日本は、オーストラリアと並んで世界でもっともマシン・ギャンブリングが盛んな国で、日本全国に設置された「遊技機」はパチンコが２４３万台、パチスロが１５７万台で、合わせて４００万台を超えている（２０２０年）。それも２０１６年の４５０万台から漸減してこの数字なのだ。[*3]

だがラスベガスはきわめて特殊な都市で、２００万人ほどの居住者のほとんどがギャンブル産業に頼って暮らしている。彼ら/彼女たちは労働力としてだけでなく収入源でもあり、ある研究によると、居住者の3分の2が大いにギャンブルをする（週に2回以上、一度に4時間以上）、あるいは適度にギャンブルをする（月に1ないし4回、一度に4時間まで）リピート・プレイヤーだ。

そんな「ギャンブル都市」には、カジノだけでなく、レストランのロビー、バーのカウンター、ガソリンスタンド、コインランドリー、ドラッグストア、スーパーマーケットなどいたるところにマシンが置かれている。ラスベガスは巨大な社会実験であり、あらゆる欲望が金銭によって実現する大衆消費資本主義の未来世界でもある。

インタビューの終わりごろ、モリーはラスベガスでの暮らしをマップにしてシュールに説明した。

まず紙の左上隅に、彼女が部屋の予約係として働くカジノリゾート・ホテル、MGMグランドを描いた。その右に、帰り道で車に給油しがてらときどきギャンブルもする、セブン-イレブン。その隣には、近所のカジノ、〈パレス・ステーション〉。夜と週末はそこでギャンブルをする。その下に、買い物とギャンブルをするスーパーマーケット、〈ラッキーズ〉。またその下には、不安障害の治療薬をもらいに立ち寄る無料診療所を描く。最後に左下隅に描いたのは、毎週水曜日の夜にGA（ギャンブル依存症の自助グループ「ギャンブラーズ・アノニマス」）の集会があるショッピングモールだ。私たちはそこで出会った。モリーがそれぞれの場所と場所をつなぐ道を描くと、ひとつながりのループができあがる。手を止めてマップをじっと眺めていた彼女は、仕上げに自分自身を描いた。ループの真ん中に宙吊りになった、スロットマシンの前に座る姿を。

謎めいた〝偶然〟の演出

ラスベガスのカジノは、デザイン、空間設計から音楽（BGM）、嗅覚（芳香剤）に至るまで、「幸福な監禁」を促す「人間工学に基づいた迷宮」をつくりあげてきた。カジノのデザインは、〈没頭パラダイム〉と呼ばれる状態にプレイヤーを誘い込むために最適化されている。

「現代の資本主義が戦略的に消費者の感情に働きかけ、価値を生み出しているというのなら、商業的カジノのデザインはまさにその好例だろう」とシュールはいう。そのなかでも、もっとも興味深いのはマシン本体だ。

スロットマシンは日本のパチスロと同じで、スタートボタンを押すと、さまざまな数字や絵柄が描かれた3列のリールが回転し、ストップボタンを押して数字・絵柄が揃うと賞金がもらえる。「7」が3つ揃うのがジャックポット（大当たり）だ。

かつてのパチンコは釘師が1台ごとに調整していたため、台の特徴を読むことでプロのギャンブラーは店に勝つことが可能だった。だが完全にコンピュータ化されたマシン・ギャンブリングでは、スタートボタンを押した瞬間に結果は決まっており、人間がプログラムの結果を左右することはできない。

素早くプレイすることでマシンを出し抜けるともいわれるが、これはただの幻想だ。人間の反応時間は350ミリ秒から早くても50ミリ秒で、機械的および電子的な伝達時間（16〜50ミリ秒）を上回れるはずがない。

たんなるマシンに生命を吹き込み、曖昧で謎めいた〝偶然〟を演出するのは、主に次の3つの機能だ。

1つは、スロットのリールの回転を左から右へと順番に止めていくサスペンス感。2つめは、（当たりか外れかを決める）ペイラインの上下の列に図柄を見せて〝ニアミス〟感を味わわせること。3つ目が自己コントロール感を演出するストップボタンだ。

スロットのストップボタンは、プレイヤーに「自分の動きがゲームの結果を決めている」と思わせる道具で、結果にはなにも影響しない。だがストップボタンをつけると、ほかのマシンよりプレイしつづける時間が大幅に長くなる。

こうした心理操作によって、マシンは「早期捕獲メカニズム」を獲得する。ベテランの依存症カウンセラーは、「いったんゲームプレイの繰り返しのループにはまり込んだら、理性的な行動は絶対にとれなくなる」という。

「快感回路」の発見

ひとはなぜギャンブルにはまるのか？　この問いは、いまでは生物学的なレベルで徹底的に研究されている。それをひと言でいうならば、「脳の報酬系をハックされるから」だ。

あらゆる生き物は、進化の過程で、心地よいもの（食料や性的対象）に引き寄せられ、不快なもの（捕食者や病原菌）から遠ざかるように「設計」されている。過食症や性犯罪、さまざまな依存症など、現代社会で問題になっている多くのことは脳の「快感回路」で説明できる。*4

1953年、モントリオールの大学で博士課程の研究員が、ラットを使って睡眠と覚醒のサイクルを調べていた。彼らはラットの中脳網様体に電極を差し込もうとしたが、手元が狂ってもう少し前方の中隔《ちゅうかく》と呼ばれる部分に固定してしまった。

中隔に電極を埋め込まれたラットは、そこへの刺激を得ようとする顕著な行動を示した。レバーを押して直接自分の脳に電気刺激が届くようにすると、ラットは1時間に70

00回ものペースでレバーを押しつづけた。これが、脳神経科学史上、最大の事件のひとつとされる「報酬回路が発見された瞬間」だ。

その後に行なわれた一連の実験では、ラットは空腹でも喉が渇いていてもレバーを押しつづけ、レバーにたどりつくまでに不快な電気ショックを受ける場所があっても、そこを何度も踏み越えてレバーを押しにいった。オスは近くに発情期のメスがいても無視し、子どもを産んだばかりのメスは赤ん坊を放置してレバーを押しつづけた。なかには他の活動を顧みず、1時間2000回のペースで24時間にわたって自己刺激をつづけたラットもいた。

報酬系（内側《ないそく》前脳快感回路）は、脳の基部が脳幹に降りていく生存に直結した部分に位置する。

報酬系でもっとも重要なのは「腹側被蓋野《ふくそくひがいや》（VTA）」で、ここのニューロンが活動すると、スパイク（短い電気的パルス）が発生し、軸索と呼ばれる細長い繊維を伝わって、軸索端末のシナプス小胞（膜でできた小さな袋）に蓄えられていた神経伝達物質ドーパミンが放出される。

VTAのニューロンは側坐核《そくざかく》（情動の調整）、扁桃体《へんとうたい》（恐怖や不安、喜びなどを司る）、前帯状皮質（情動の中枢）、背側線条体（ある種の習慣の学習形式に関連する）、海馬《かいば》（事実や出来事の記憶に関係する）、前頭前皮質（判断や計画を司る）といった領域に軸索を延ばしている。これらの領域にドーパミンが放出されるとき、ヒトはそれを「快い」と感じ、その刺激をもっと手に入れたいと強く動機づけられる。

ある経験がVTAにつながる脳の部位を活性化させ、VTAニューロンが刺激されてドーパミンが放出されると、脳は快い体験に先立つ（あるいは伴う）感覚や行動を手がかりとして記憶し、ポジティブな感情に関連づける。こうして脳は、同じ快感体験を何度も繰り返そうとする強い欲求や衝動をもつようになる、これが依存症のメカニズムだ。

確実な利益よりランダムな報酬

1990年代末、ケンブリッジ大学の研究者らは、脳に電極を埋め込んだサルにコンピュータ画面を見せ、同時にチューブから甘いシロップを出したとき、VTA（報酬系）の個々のニューロンがどのように活動するかを記録した。[*5]
緑のランプを点灯させたあとにシロップを与えると、サルのドーパミン・ニューロンは、最初はシロップを飲んだ直後に短く発火するが、やがて因果関係を学習し、緑のランプが点灯しただけで発火するようになった。快感回路は報酬を与えられたあとではなく、報酬を期待して（報酬の前に）活性化するのだ。
一方、赤のランプを点灯させたあとにシロップを与えないと、当然のことながら、ドーパミン・ニューロンにはなんの変化もない。

こうした学習が成立した後で、緑のランプが点灯してもシロップがもらえないと、一時的にニューロンの活動がほとんどなくなる（がっかりする）。逆に、赤のランプが点灯したあとにシロップを与えると、思いがけない報酬の直後に大きく発火する（興奮する）。

こうした反応は、サルの脳の快感回路が予測誤差を計算していると考えるとうまく説明できる。期待しているときに報酬がないと、予測誤差はマイナスになって報酬系は活動を停止し、不快な気分になる。その反対に、まったく期待していないときに大きな報酬を得ると、予測誤差は最大になってドーパミン・ニューロンがはげしく反応し、大きな快感（興奮）を感じるのだ。

研究者は次に、緑のランプが点灯してすぐにシロップを与えるのではなく、2秒後に五分五分の確率でランダムに報酬が出たり出なかったりするよう設定した。すると、最初の発火（期待）が始まってから結果（報酬）が出るまでの約1・8秒の「待ち時間」にドーパミン・ニューロンの発火レベル（発火頻度）が徐々に高まっていき、緑の光が消える（結果が出る）瞬間に最大値に達した。シロップを増量する（報酬を大きくする）と、「待ち時間」の最大発火レベルもそれに応じて高まった。

この「待ち時間」は、スロットマシンやルーレットが回っている時間や、ブラックジャックのカードがめくられるまでの時間に相当する。報酬が確定しない「どきどきする時間」にVTAの快感回路は徐々に活動を高め、それに応じて期待感も高まっていく。サルと同じく人間の脳も、決定論的な出来事（緑のランプが点《つ》くと必ず報酬がもらえる）よりも、不確実な出来事（報酬がもらえたりもらえなかったりする）からより大きな快感を得るようにできているのだ。

すべての幸福感が消えていく

依存症者の困難は、脳が快感に対して耐性をもつように「設計」されていることだ。食べ物でもセックスでも、快感に溺れてほかのこと（子育てなど）ができなくなれば、後世に遺伝子を残すことはできないのだから、「利己的な遺伝子」にとってこれは当然の仕組みだ。

人類が進化の大半を過ごした旧石器時代には、快感を得られる機会はあまりなかっただろう。稀少なハチミツを食べ尽くしたら当分は手に入らず、関心は社交や子どもの世話など別の活動に向けられたはずだ。

だが現代社会では、快感をもたらす刺激がほぼ無制限に、かつきわめて安いコストで提供される。そうなると快感に飽きた脳は、日常的な活動に戻るのではなく、より強い刺激を求める。この快感と報酬のフィードバックで快感回路が過活動になり、やがて脳に物理的・生物学的な変化が起きる。――依存症者の脳は実際にドーパミン受容体の数が大きく増えている。

ギャンブル依存症者とそうでない者の脳の活動を比較すると、どちらも負けたときより勝ったときの方が快感回路が大きく活性化したが、ギャンブル依存症者にだけドーパミン系の鈍化が確認された。つまり、なかなか快感を得られないのだ。

薬物耐性は、「同じだけの多幸感を得るには容量を増やす必要がある」という依存症の特徴だ。禁断症状は薬が切れたときに気分が悪くなることで、精神症状（うつ、焦燥、集中力の欠如）や身体症状（吐き気、けいれん、悪寒、発汗など）として表われる。それと同時に、依存症者は薬物への強い渇望感を覚えるようになる。

依存症者にとって残酷なのは、症状が進むにつれて耐性、禁断症状、渇望が強まる一方で、得られる多幸感が徐々に弱まっていくことだ。快感よりも欲望が先に立ち、嗜好が不足感へと変化する。依存症者はアルコールや薬物などが「好き」なわけではなく、脳の快感回路を刺激する行動を止められないのだ。

ひとたび依存症が始まると快感は抑えられ、不足感が表面化してくるが、これは薬による快感だけでなく、セックス、食事、運動などから得られる日常的な快感も低下させるらしい。依存症の恐ろしさは、あらゆる幸福感を得られなくしてしまうことにある。

それればかりではなく、再発した依存症者は、ある程度の期間薬物を止めていたあとでごく少量を摂取すると、最初に感じたよりも激しい快感を覚える。この生物学的現象（ニューロンの永続的な変化）は「感作《かんさ》（報酬過敏性）」と呼ばれ、依存症からの社会復帰をより困難にしている。

人類の歴史上最もたちの悪いギャンブル

ギャンブル依存症やゲーム依存症のような行動依存の特徴は、その対象が人工的で自然界には存在しないものであることだ。脳は旧石器時代の環境に最適化するよう進化したのだから、快感回路がこのような拡張性をもつのは驚くべきことだ。

病的なギャンブルは女性より男性にはるかに多く、一卵性と二卵性の双生児を使った研究から、男性の病的ギャンブルのうち35～55％は遺伝要因で説明がつく。ニコチン依存とアルコール依存は病的ギャンブル依存と併存することが多いが（ラスベガスなどのカジノを訪れれば喫煙率と飲酒率の高さに驚くだろう）、これはドーパミン作動性の快感回路の障害という共通の要因があるからだ。――病的ギャンブラーの場合、アルコール依存症の比率は米国の同年齢全体に比べて10倍高く、喫煙率は6倍高い。

世界じゅうで行なわれているギャンブルの研究は、合法的ギャンブルにアクセスしやすいほどギャンブル依存が増えるという同じ結論に達している。オンラインギャンブルはギャンブル依存を育むのに理想的な仕組みで、止める人間もいなければ営業時間のような物理的制約もないため、1日24時間ギャンブルにのめり込む。スコットランドで行なわれた研究によると、ギャンブル依存症の自助（セルフヘルプ）グループの参加者で、1年後もギャンブルを完全に自制していた割合は8％にすぎなかった。

ギャンブル依存症者がつねに社会の敗残者というわけではない。そればかりか、会社から借り入れた100億円を超える資金をマカオやシンガポールのカジノに注《つ》ぎ込み、特別背任で有罪となった大王製紙前会長・井川意高《いかわもとたか》のように、社会的・経済的な成功者がギャンブル依存症である例は多い。[*6] 病的なギャンブラーはリスクを背負い、全力を尽くし、物事にこだわるが、こうした性格はときにビジネスでも大きなちからを発揮する。

ギャンブルへの依存は薬物依存症ほど生活を破壊することはないものの、大きな負債を抱えることが多く、自殺企図率がきわめて高い。ギャンブラーズ・アノニマスの会員では約20％、アメリカ退役軍人庁が行なっているギャンブル依存症者在宅治療プログラムの対象者にかぎれば40％もの高率に達するという。[*7]

常習的にビデオ・ギャンブリング装置でプレイする者は、ほかのギャンブラーの3倍から4倍早く（3年半に対して1年以内に）依存症になる。スロットやポーカーなどのマシンは、「人類の歴史上最もたちが悪い種類のギャンブル」「電子版モルヒネ」「ギャンブル界のクラック・コカイン」などと呼ばれている。[*8]

マシンが生み出すフローとゾーン

ハンガリー出身の心理学者ミハイ・チクセントミハイは、「あるひとつの行動にあまりにも集中しすぎて、日々のトラブルや心配事とともに、時間の感覚も薄れていくような没入状態」を〈フロー〉と名づけ、教育や自己啓発などさまざまな分野に大きな影響を与えた。[*9]〈ゾーン〉はフロー状態が起きる領域をいう。

ラスベガスのマシン・ギャンブリングをフィールドワークしたシュールは、この〈ゾーン〉こそがギャンブラーが求めているものだという。

趣味や仕事、勉強など、なにかに打ち込んでいると時がたつのを忘れることがあるだろう。登山家は「自分が登る岩と一体化する」感じと表現し、ダンサーは「音楽によってダンスされている感覚」と説明する。そしてギャンブラーは、「マシンによってプレイさせられている」感覚を〈ゾーン〉と呼ぶ。ギャンブルをしているあいだは「時計の時間《クロック・タイム》」は消え失せ、「何時間も意識喪失のまま」マシンと向き合い、〝時間の専制政治からの自由〟を手に入れるのだ。

チクセントミハイは、フローすなわち〈ゾーン〉に入る条件として次の4つを挙げている。

1 短期の小さな目標
2 明確なルール
3 即座のフィードバック
4 制御（自己コントロール感）と挑戦が同時に起こっているという感覚

チクセントミハイ自身は、フローを「自己実現のために関わり、新しい現実を作りあげることで今抱えている現実の制約を超越しようとする」ポジティブな心理状態だと考えた。だがこの「〈フロー〉の4つの条件」は、マシン・ギャンブリングにもそのまま当てはまる。

反復的なマシンギャンブラーは、「使い果たす、罠にかかる、自立性の欠如」という感覚に結びついた〈フロー〉を経験するのだ。

このことは、マシンをつくる側ももちろん知っている。あるゲーム開発者はこう語った。[*10]

「当初気づかなかったのは、人々が本当は楽しみなど求めていないということです。私たちのベスト・カスタマーは、エンターテインメントには興味がありません――彼らが求めているのは、完全に没入し、リズムにのめり込むことです」

マシン・ギャンブリングに依存したプレイヤーも同じことをいう。

「プレイしていないとき、私の全存在はあの〈ゾーン〉に戻ることだけを目指しました。あれはマシン・ライフだったんです」

「お金だけじゃなくて私自身もなくなりました。画面の中の〈ゾーン〉に入り込んで、消えるのです」

ギャンブル業界では、ギャンブラーの資金が枯渇することを「絶滅」と呼ぶ。マシン・ギャンブリングは、プレイヤーを巧妙に〈ゾーン〉に誘いこむことで依存させ、なにもかも失う「絶滅」ポイントまで拘束するようプログラミングされている。

だが、話はここから思わぬ方向へと展開し、わたしたちはより不可思議な領域へと入っていくことになる。

〈ゾーン〉が神になる

ラスベガスでは、男はカードを使ったテーブルゲームや競馬などのスポーツギャンブルを好み、マシン・ギャンブリングにハマるのは女だとされている。実際、シュールが取材したマシン依存症者のほとんどは女性だった。「男は社交や競争やエゴの強化を求め、女は孤立や匿名性を求める」などといわれることもある。

だがその後、男女の性差では説明できないことが次々と見つかった。ドライブインでビデオ・ポーカーをプレイするのは長距離トラックの運転手たちだし、日本のパチンコ、イギリスのビデオ・ルーレットにハマるのは圧倒的に男が多い。

だとしたら、マシンへの依存に共通するものはなんだろう。それは「自分の感覚を鈍らせること、深刻な問題からの逃避、過剰な対人関係の交流の重荷をおろすこと」ではないかとシュールはいう。

そう考えると、依存症者たちの次のような奇妙な発言が理解できるようになる。

「勝ったのにがっかりすることもある。特に、始めてすぐに勝ったときはね」

「ほどほどの日には——勝って、負けて、勝って、負けて——ずっと同じペースが続きます」

ギャンブルをしているのに、なぜ早く勝つと落胆するのか。それは、プレイのテンポが中断され、〈ゾーン〉の調和のとれた規則性が乱されるからだ。

「たいていの人が、ギャンブルはまるっきりの運まかせで結果はわからない、と考えています。でも、マシン・ギャンブリングの結果なら私にはわかります。私は勝つことになるのか、負けることになるのか、どっちかしかない。……だから、本当はぜんぜんギャンブルなんかじゃない。——そう、私が何かを確実だと思える、数少ない場所のひとつなんです」

マシンにはまる背景は、母子家庭や貧困のような人生の困難、ドメスティックバイオレンスや過去の性暴力のトラウマ、子育てが終わって人生に満たされないものを感じているなどさまざまだろうが、共通するのは「自分の人生をコントロールできていない」という感覚だ。だからこそ、よりシンプルでコントロール可能なゲームに惹きつけられていく。

「マシンの前にいると、偶然の要素なんて何もないんです。だって、負けるってわかってるから。そのほうがよほど安全よ——現実をコントロールしてるっていう気になれるんだから」という依存症者の言葉は、このような文脈でのみ理解できるだろう。彼女たち／彼らが追求しているのは、「社会的、経済的、個人的な生活のなかで経験する不安定から連れ出してくれる、信頼性、安全性、感情的落ち着き」なのだ。

ある依存症の女性はシュールにこう語った。

「ギャンブルにおいては、お金には何の価値も、何の重要性もなく、ただのものでしかない——私を〈ゾーン〉に連れていってくれる、それだけです……価値を失い、やがて何の価値もなくなります。〈ゾーン〉以外は——〈ゾーン〉が神になるのです」

ひとはみな、人生に〝解決不能なもの〟を抱えている。その不安があまりに大きくなると、不確実性が実質的に存在しない場所を求めるようになる。

時間を忘れ感覚を麻痺させるマシン・ギャンブリングは、日々の不安に押しつぶされそうなひとたちに「心理的な避難所」を提供している。だとしたらこれは、一種の心理療法（セラピー）であり、向精神薬ではないのか。――代表的な抗うつ剤であるSSRI（選択的セロトニン再取り込み阻害薬）は脳内のセロトニン濃度を高める効果があるが、ギャンブルがセロトニンと関係していることを示す研究がある。

依存症者はマシンに多額の金銭を投入し、家計を破綻させてしまうかもしれない。だがマシンのない環境に移ったところで、「こころの空白」を埋めるために、アルコールやドラッグ、あるいはカルト宗教など、別のものに依存するだけではないだろうか。

ギャンブル業界が依存症者を生み出していることは間違いないが、だからといってギャンブルを禁止したり、規制を強化すれば解決するような問題ではないのだ。

依存症の治療に依存する

シュールは、依存症治療とマシン・ギャンブリングには共通点があるという。

第一に両者とも、行動は外的調整によって修正できるという考えと連動している。

第二に両者とも、内的および外的変動からユーザーを隔離するような感情のバランス状態をもたらすことによって機能する。

ギャンブル依存症者の多くが精神科クリニックや自助グループの会合に通っているが、そこで〝回復〟と見なされる注意深いバランス状態には、依存症者が〈ゾーン〉と呼ぶ状態との不気味な類似点があるという。「(治療)行為中に感じるある種の安らぎは、マシンに向かっているときに感じた安らぎにいちばん近い」のだ。

マシン・ギャンブリングが依存を脱する治療行為と構造を同じくするというのは、たんなる印象論ではない。地域のセラピストは、「マシンをプレイしているときに感じる解放感を高めるために、抗不安剤を使用する人を何人も見てきました」「マシンは本当に即効性のある精神安定剤のようなものです」と述べる。

依存症の治療には、メディテーション(瞑想)、ヨーガ、エクササイズなども使われる。だがこれも、強迫的なマシンプレイの〈ゾーン〉状態に近づくことができるという依存症者の能力〝ゆえに〟――〝にもかかわらず〟ではなく――効果があるのではないかとシュールはいう。「プレイヤーの資産を清算する(あるいは〝プレイヤーの消滅〟を引き起こす)という業界の狙いは、プレイヤー自身が自己清算(あるいは〝自己消滅〟)へと突き進む心理と、ある種の提携関係が働いてうまく機能している」のだ。

依存症者は、マシン・ギャンブリングだけではなく、依存症の治療にも依存している。依存症の終わりだと思っていた地点が、大きな円を描いてまた元の位置まで戻ってしまう。「モリーのマップ」では、ギャンブル依存症のモリーはカジノやマシンだけではなく、精神科クリニックやセルフヘルプの会合も含む円環の中央で、宙吊りになったかのようにマシンをプレイしていた。

脳の報酬系は、快感に依存するよう生理学的に「設計」されている。高度化した大衆消費社会は、消費者に無限の快感を提供するばかりか、日々のストレスをやわらげる向精神薬の役割も果たしている。だとしたら、依存から抜け出す道などあるのだろうか。

サブリミナル広告と現代の脳科学

心理学をマーケティングに応用するもっとも有名な実験は、いまから60年以上前のアメリカ、ニュージャージー州フォートリーで、ジェームズ・ヴィカリーというマーケット・リサーチャーによって行なわれた。映画『ピクニック』(ウィリアム・ホールデン、キム・ノヴァク主演)が映写されているスクリーンに「コカ・コーラを飲もう」「お腹が空いた? ポップコーンを食べよう」というメッセージが書かれたスライドを1/3000秒ずつ5分ごとに繰り返し二重映写したところ、コカ・コーラは18・1%、ポップコーンは57・5%売上が増えたというのだ。

この実験をジャーナリストのヴァンス・パッカードが『かくれた説得者』(1957年)

で紹介すると大きな反響を呼び、これを「サブリミナル広告」と命名したヴィカリーは「サブリミナル・プロジェクション・カンパニー」という会社まで設立した。しかしその一方で、政府やカルト集団がサブリミナル技術を悪用してひとびとを操っているという「陰謀論」の温床ともなり、翌58年にはアメリカ、イギリス、オーストラリアの放送局でサブリミナル広告の使用が禁止される事態となった。

その後、カナダの放送局が実証実験を行ない、番組のなかで352回にわたり“telephone now（今すぐお電話を）”というサブリミナル・メッセージを投影したものの誰も電話をかけてこなかった。放送中に何か感じたことがあったら手紙を出すよう視聴者に呼びかけていたが、500通以上届いた手紙のなかに「電話をかけたくなった」という報告はひとつもなかった。

1962年には映画館を使った検証実験が行なわれたが、コーラとポップコーンの売上は増加しなかった。批判に耐えかねたヴィカリーは、「マスコミに情報が漏れたときにはまだ実験はしていなかった。データはじゅうぶんにはなかった」と告白し、実験そのものが捏造《ねつぞう》だったということで一件落着した。

だが、話はこれで終わらない。その後、ヴィカリーの主張の正しさがさまざまな実験によって証明されはじめたからだ。

サブリミナルSubliminalとはLimen（閾値《いきち》）に達しない刺激のことだが、現代の脳科学は、実験環境において、脳が閾下の（意識されない）刺激を知覚し、無意識のうちにそれに対処していることを繰り返し証明している。[*11] しかしこれは、だからこそ単純なサブリミナル広告には効果がないということでもある。

無意識は意識できない膨大な情報を知覚できるし、イメージだけでなく文字を読み文章を理解する〝知能〟も備えている。したがって画面にサブリミナルのメッセージを表示すれば、それを（無意識に）読むことはできるだろう。

しかし自宅でテレビを見ている視聴者の脳は、それ以外にも大量のサブリミナル情報を処理している。同じ部屋で子どもが遊んでいたり、ペットが走り回っていたら、本人は番組に意識を集中させているつもりでも無意識は別のところに注意を向けていて、瞬間的に表示される画面のメッセージなど無視してしまうにちがいない。

脳はいわば、生存と生殖のために最適化された生物コンピュータだ。そう考えれば、「電話をかけろ」というような無意味なメッセージが効果をもつ理由はない。だがこのとき、テレビ局が生存にかかわる画像（毒ヘビ）や生殖にかかわる画像（ヌード写真）をサブリミナルで流していたなら、無意識はそれを知覚してなんらかの対処を行なった可能性はある。

日常空間ではサブリミナル広告に効果がないとしても、刺激を遮断して画面に集中させせた実験環境では商品の選好に影響を及ぼすこともわかっている。そしてじつは、暗闇のなかで巨大なスクリーンに映像を流す映画館はこうした実験環境にきわめて近い。いまとなっては真実は知りようがないが、ヴィカリーが実際にサブリミナル実験を行ない、コカ・コーラとポップコーンの売上が伸びたことを確認したものの、それがわずかだったので、結果を大幅に水増ししたのだとしても不思議はない。

ニューロマーケティングと「購買スイッチ」

脳の報酬系（快感回路）の仕組みが解明されたことで、それをマーケティングに応用しようと考える者が現われるのは時間の問題だった。なんらかの心理的手法によって、広告を見たり商品を手に取ったりしたときにドーパミンが放出されるようにできれば、消費者はその商品に依存するだろう。これが「ニューロマーケティング」だ。

１９７０年にデンマークで生まれたマーティン・リンストロームはある種のギフテッド（天才）で、11歳のときに自宅の庭に巨大なレゴランドをつくって新聞で広告したところ、すさまじい反響に驚いて（ついでにレゴ社から商標侵害で訴えると警告されて）12歳で広告会社を設立した。その会社を売却すると、14歳から母親とともに世界じゅうをヨットで回り、17歳でビジネスの世界に復帰してマーケティング・コンサルタントとして大きな成功を手にした。

その後、リンストロームはニューロマーケティングの可能性に気づき、大規模な実証実験で「購買スイッチ」を探そうとした。"buy・ology"は「生物学Biology」と「買うBuy」をかけた造語で、日本では「買い物する脳」と訳されている。[*12]

実験は2000年代前半に、アメリカ、ドイツ、イギリス、日本、中国の5ヵ国で、2081人のボランティアを対象に行なわれた。使われたのはfMRI（磁気共鳴機能画像法）とSST（高機能脳波測定）で、それぞれ一長一短あるものの、その時点では脳の活動を記録するもっとも高度な道具だった。とりわけfMRIは1台30億円もしたため、リンストロームは自身も実験に出資するとともに世界じゅうでスポンサーを募った。

結論を先にいうならば、この実験でリンストロームは、消費者を自由自在に操るような購買スイッチを見つけることはできなかったものの、いくつかの興味深い発見を報告した。

コカ・コーラとペプシコーラを商品名を教えずに試飲させると、ペプシの方が美味しいとの答えが多数になるが、商品名をあらかじめ伝えると結果は逆になる。このときの脳をスキャンすると、（美味しさの刺激を感知する）腹側被殻《ふくそくひかく》だけでなく、内側前頭前皮質への血流の増加がみられた。この領域は、高度な思考や認識を司《つかさど》る部位だ。

リンストロームは、これがブランドのちからだという。コーラの歴史、ロゴ、色、デザイン、匂い、子どもの頃の思い出、長年のテレビ広告や印刷広告などがサブリミナルで被験者の感情を揺さぶり、「ペプシの方が美味しい」という理性を打ち破ったのだ。

喫煙が健康を害することが明らかになって、パッケージに「タバコは致死的な肺がんの原因になります」などの警告を表示するだけでなく、一部の国では、肺腫瘍、壊疽《えそ》した足と爪先、口腔《こうくう》がんや咽頭がんの病巣やぼろぼろになった歯などのリアルな写真を載せている。だが喫煙者の脳をfMRIで調べると、タバコの警告ラベルを見たとき、報酬系の側坐核が活性化していた。警告表示を見ると、喫煙者の「意識」はタバコをやめようと思うが、無意識ではタバコを吸いたいという衝動が増している。タバコと病気のつながりが喫煙者を不安にし、その不安に対処するために脳がニコチンを欲したのだ。

皮肉なことに、タバコのパッケージの警告表示は、タバコ会社にとって格好のマーケティングツールになっていた。健康被害を周知させることにタバコ業界がさしたる反対をしないのは、ちゃんと理由があったのだ。

SNSに「ハマる」理由

２０２１年10月、フェイスブックの元幹部が大量の内部資料をメディアに提供したうえで、米上院小委員会の公聴会で、「インスタグラムを利用するティーンエイジ女子の３人に1人が自分の体形が劣っていると感じている」などの社内調査を、自社の利益を優先するために隠していたと証言した。

スウェーデンの精神科医アンデシュ・ハンセンの『スマホ脳』(新潮新書)は、SNSの危険性を説いて日本でもベストセラーになった。この本でハンセンは、フェイスブックのようなSNSは脳の報酬系をハックするようにつくられていて、その過剰な利用が不眠やうつの原因になり、子どもの健全な成長を阻害すると警鐘を鳴らしている。

徹底的に社会的な動物として進化してきたヒトには、食べることとセックスする(愛される)ことと並んで、もうひとつ決定的に重要な欲望の対象がある。それが「評判」だ。

よい評判は仲間内での地位を高め、安全の確保や性愛のパートナーの獲得につながる。逆に悪い評判がたつと共同体から排斥され、旧石器時代にはこれは即座に死を意味しただろう。このようにしてヒトは、よい評判を得ると幸福感が増し、悪い評判によって傷つく(殴られたり蹴られたりしたときと同じ脳の部位が活性化する)ようになった。

わたしたちはもともと、自分の評判(他者からどう見られているか)にきわめて敏感なように「設計」されている。フェイスブックやツイッター、インスタグラムなどは、評判をリアルタイムで可視化するというイノベーションによって脳の報酬系にきわめて強い刺激を与えている。この効果は、とりわけ思春期の若者たちに顕著に現れるだろう。

心理学者のアダム・オルターは「依存テクノロジー」を論じるにあたって、ハンセンと同じく、スティーブ・ジョブズが自分の子どもにiPadを使わせなかったというエピソードから始めている。ジョブズだけではなく、『WIRED』元編集長のクリス・アンダーソンやツイッターの創業者エヴェン・ウィリアムズなどIT業界の大物たちも、子どもにデジタルデバイスを買い与えなかったり、その使用に厳格な時間規制をしていたという。[*13]

オルターによれば、行動依存には6つの要素がある。

①**目標**：ちょっと手を伸ばせば届きそうな魅力的な目標があること
②**フィードバック**：抵抗しづらく、また予測できないランダムな頻度で、報われる感覚（正のフィードバック）があること
③**進歩の実感**：段階的に進歩・向上していく感覚があること
④**難易度のエスカレート**：徐々に難易度を増していくタスクがあること
⑤**クリフハンガー**：解消したいが解消されていない緊張感があること
⑥**社会的相互作用**：強い社会的な結びつきがあること

これは〈フロー〉の条件と同じで、ＳＮＳやオンラインゲームは6つの要素のほとんど

すべてを備えている。そのためわたしたちは、スマートフォンから手を放すことができなくなってしまったのだ。

大学生の半分が「ネット中毒」

オルターによれば、アメリカ人の平均的なスマホ使用時間は1日3時間で、手に取る回数は平均40回。メールのチェック、テキストメッセージの送信、ゲーム、ウェブサーフィン、記事などの閲覧、銀行残高の確認などで、毎月ほぼ100時間が消えている計算になる。平均寿命で計算すれば11年間だ。

驚くべき数字だが、これでも実態を過小評価している。これはスマホ管理アプリの集計結果で、自分がスマホに依存していると自覚しているユーザーの情報だ。スマホ漬けになっていてもそれを「問題」と思っていない大多数は、この統計には含まれていない。

2013年に2人の心理学者が行なった実験では、他人同士の被験者をペアにして、「過去1か月に起きた興味深い出来事」について小部屋でしばしおしゃべりをさせた。

ある被験者グループはスマートフォンを横に置き、別の被験者グループは紙のノートを横に置いたところ、スマホが手元にあった被験者はあまり打ち解けられなかった。実験後の感想でも相手との関係の質を低く評価しており、相手に対して感じた共感や信頼の度合いも低かった。スマートフォンは、たとえ使っていなくても、そこにあるだけで人間関係の質を損なうのだ。

なぜこんなことになるかというと、スマートフォンの向こうに世界が広がっていることをつねに思い出しているため、目の前の会話に集中できなくなるのだという。

運動依存症も行動依存の一種で、すでに精神病理学の一分野として確立している。Apple WatchやFitbitのようなウェアラブル端末を装着し、日々の活動量を「見える化」すると、運動のことを考えずにいられなくなり、それ以上に、自分が運動していないことを気に病まずにいられなくなる。

運動に対する執着の結果、足が痛くても、出産直前でも走るのをやめられなくなり、疲労骨折を起こしたりする。「「へこたれない自分」がアイデンティティになってしまい、それが幸せだということになっているので、倒れて歩けなくなるまで走るのをやめられない」のだ。

2011年に発表された83本の先行研究（被験者は四大陸150万人）の詳細な分析では、「（対象者の）41％が過去1年間にすくなくともひとつの行動に依存的に従事」していて、「被験者となったアメリカの大学生のうち48％が「ネット中毒」で、残りの40％は境界線または危険がある状態だった」。そのため、「インターネット依存症テスト（IAT／Internet

Addiction Test)」なるものまで開発されている。[*14]

その一方で、「人間の35％がわずらう疾患なのであれば、それは人間の本質の一部だ。治療対象とするのは間違っている」と主張する研究者もいる。

ゲーム規制とeスポーツ

2019年にWHO（世界保健機関）が「ゲーム障害」を精神疾患として認定したことが話題となった。ギャンブルとゲームのちがいは金銭的な報酬の有無だけなので、両者に同じ快感回路が関与していることは間違いない。ゲームをプレイしているときの脳をスキャンすると、視覚処理、視覚的空間認知、運動機能、感覚運動統合などに関連する部位のほか、マシン・ギャンブリングと同じく、側坐核、扁桃体、眼窩《がんか》前頭皮質といった内側前脳快感回路の中心部など報酬系が活性化している。

ゲームが脳に与える影響はタバコと似ていて、快感自体は短いが、立ち上がりが早く何度も繰り返される。これが依存症になる理由だが、その一方で、大半のゲーム依存症者は他者の介入なしに回復できるという。[*15]

その一方で、依存症の専門家によると、オンラインゲームへの依存は酒や薬物の依存症のように脳の働きを大きく低下させ、感情をうまくコントロールできなくする。香港大学の研究者は２０１４年、ゲームを含むネット依存は世界の人口の６％（約4億２０００万人）以上と推計、日本でも厚生労働省が２０１８年、病的なインターネット依存が疑われる中高生が93万人にのぼると発表した。

「ネットゲーム先進国」である韓国はさらに深刻で、２００２年10月、ＰＣ房（バン）と呼ばれる24時間営業のネットカフェで24歳の男性が死亡したことが社会問題化した。男性はＰＣ房で多人数参加型のオンラインゲームに没頭、トイレに行くときとタバコを買うとき以外の86時間、ゲームを続けた末に、長時間同じ姿勢で下半身がうっ血する「エコノミークラス症候群」で死亡した。

事件を受けた調査で、ネット依存が原因の死亡事件が10件以上確認されたとして、韓国政府は２００６年にＰＣ房の深夜の未成年者の出入りを禁止、11年には16歳未満が午前０～６時にネットゲームに参加できない「シャットダウン制」を定めた。[*16] 中国政府も21年９月、18歳未満のオンラインゲームを金、土、日曜と祝日の午後８～９時のみとするほか、オンラインゲームの有料アイテムに使う課金の上限を定めるなど規制の厳格化を発表した。

だがその一方で、ゲームで格闘技やサッカーなどを競う「ｅ（エレクトロニック）スポーツ」は欧米や韓国でプロスポーツの種目となりつつあり、国際オリンピック委員会（ＩＯＣ）は２０１７年10月、将来の五輪種目への採用を見据えてゲーム産業界と協議する方針を固めた（アジア・オリンピック評議会は18年にジャカルタで開くアジア大会で公開競技として採用、22年の中国・杭州大会から正式競技になる見通し）。国際サッカー連盟（ＦＩＦＡ）も、04年から開いてきたゲーム大会「ＦＩＦＡインタラクティブ ワールドカップ」を18年大会から「ＦＩＦＡ ｅワールドカップ」に改称した。

インターネットポルノ依存症

binge（ビンジ）は「限度を超えて熱中する（浮かれ騒ぐ）」の俗語で、欧米では若者たちがパーティでbinge drinking（ビンジドリンキング）し、酩酊《めいてい》して性交に及ぶことが社会問題になっている。日本ではあまり知られていないが、インターネットポルノのbinge watching（ビンジウォッチング）もはげしい議論になっている。

一般にポルノの弊害というと女性や子どもへの性暴力につながることが懸念されるが、強迫的なポルノ利用について警鐘を鳴らしつづけた医師のゲーリー・ウィルソン（２０２１年5月死去）は、思春期以前からポルノ漬けになった若い男性が、ＥＤ（勃起不全）や女性との通常の性的関係に深刻な障害を抱える可能性を指摘している。[*17]

オーストラリアの調査では、２００８年には「ポルノを毎日見る」と回答したのは思春期の５・２％だったが、11年になると13％がポルノを毎日のように見ていた。その６年後の17年には、15～29歳の男性の39％と女性の4％が毎日あるいはしばしばスマートフォンでオンラインポルノを見ていた。この急激な変化（ポルノの普及）の背景に、高速インターネット（4G）の登場があることは間違いない。

17年の同じ調査では、15～29歳の若い男性に限れば100％がポルノを見た経験があり、若い女性でも82％が見たことがあると報告している。はじめてポルノを見た年齢も下がりつづけ、男性の69％と女性の23％はポルノ初体験が13歳以下だった。

こうした事情はアメリカやイギリスでも同じで、「スタンフォード監獄実験」で知られる社会心理学者のフィリップ・ジンバルドーは、中高時代を男子ばかりの寄宿舎で仲間たちと大量のポルノを見ながら過ごした男性が、愛情があるにもかかわらず恋人と性交渉ができない事例などを報告している。少年期から膨大なポルノにさらされつづけたことで、「セックス拒食症」とでも呼ぶべき状態になり、ほんもののセックスと〝ポルノの再演〟のちがいがわからなくなってしまったというのだ。[*18]

近年の脳科学では、複雑な道路や一方通行などの規則を記憶するロンドンのタクシー運転手の海馬（記憶にかかわる脳の部位）が発達していることがわかって、「一定の年齢になったら脳の成長は終わる」という常識が書き換えられた。この「脳の可塑《かそ》性」は「いくつになっても学びつづけられる」というポジティブなニュースとして歓迎されたが、ウィルソンはこの可塑性がネガティブな方向にも作用すると指摘する。ポルノばかり見ていると、脳の部位に生理的・機能的な変化が起こる可能性がある。なぜならセックスは、とりわけ男にとって、もっとも強い刺激を与える根源的な欲望だから。

ポルノ漬け体験

オンラインポルノが心理的な問題(依存症)を引き起こすかどうかについては専門家のあいだでも議論百出して結論は出ていないが、オンライン掲示板などではそれに先んじて「依存症者」の自助グループが次々とつくられている。そのなかでも最大のものが匿名掲示板レディットの"NoFap"だ。"Fap"は、「ポルノで自慰をする」ことを表わす俗語だという。

この掲示板ではさまざまな「ポルノ漬け体験」が報告されているが、そのうちのいくつかを紹介しよう。[*19]

本物の女性とセックスしようとしたときの感じは「異様」としか言い様がなかった。それは不自然で異質に思えた。画面の前にすわってシコるのになれすぎて、精神は本当の現実のセックスより、そっちのほうが普通のセックスなのだと考えるようになったみたいだった。

［29歳］17年にわたるオナニーと、12年にわたる極端／フェティッシュポルノへのエスカレーション。本当のセックスに興味を失いはじめた。ポルノによる興奮の高まりと射精が、セックスからのものより強くなった。ポルノは無限のバラエティを提供する。そのときに見たいものを選べる。セックスでの遅漏はあまりにひどくなって、ときにはまったく射精できなくなった。おかげでセックスしたいという最後の欲望も消えた。

ネットポルノは性的関心をも変えてしまう。ウィルソンによると、異性愛／同性愛のような性的志向は（おそらくは）生得的なアイデンティティで生涯を通じて変わらないが、性的関心は外部刺激からの影響を受けやすい。

私はゲイだが、ポルノを見ると女性に性的な関心を抱ける。まあ……胸じゃないけど、でも他の女性の身体の部分に興奮するようになる。ポルノは過剰に詰め込まれたエロチックな雰囲気だ。あらゆる抑制が取り払われて、興奮への欲望が支配的になる。

［19歳］ぼくは本気でゲイになりかけてるんだと思った。ＨＯＣＤ（ホモセクシュアル強迫神経障害）が当時は実に強くて、近くの高層ビルから飛び降りようかと思ったんだ。実に落ち込んだ。自分が女の子が好きで男なんか愛せないのはわかってたけれど、なぜＥＤなんだ？　どうして興奮に至るのにトランス／ゲイねたが必要なんだ？

２０１６年の調査では、異性愛の男性の20・７％が男性同性愛者のセックス行為を含むポルノを見たと報告し、自分をゲイだと申告する男性の55％がポルノで異性愛行動を見ていた。

「ポルノ脳」は治癒できるか

当然のことながら、ポルノ漬けには明らかな性差がある。２０１７年の研究では大学生の10・３％が「サイバーセックスの臨床範囲にいる」とされたが、「ポルノ中毒」の内訳は男性が５人に１人（19％）なのに対して、女性は20人に１人に満たなかった。ポルノ利用を調べる研究者たちは、若い男性のポルノ中毒率が28％あたり（３～４人に１人）だとしている。

セックスに問題を抱えている臨床患者についての２０１５年の調査によると、週に７時間以上、ポルノでオナニーをする男性の71％が性的機能不全を報告しており、33％は遅漏を報告している。

2001～02年の調査では40～80歳のヨーロッパ男性のED率は13％ほどだったのに、11年のヨーロッパ若者男性のED率は14～28％だった。平均的な中高年男性の勃起不全の割合より、若者の勃起不全の割合の方が高くなったのだ。

2016年のカナダの調査では、男性（16～21歳）の78・6％がパートナーのいる性的活動での困難を訴えた。勃起障害（45％）、性欲減退（46％）、射精困難（24％）がもっとも多かった。

わたしたちは無意識のうちに、自分を中心に物語をつくっている。性的ファンタジーでも、ほとんどの場合は自分が主役になるだろう。

だがポルノの際立った特徴は、自分が「観客」になることだ。脳の可塑性とは、わたしたちがつねに（無意識のうちに）自分の脳を訓練しているということで、受動的な立場でオーガズムを繰り返すことが、性的な報酬系に深刻な影響を与えている可能性がある。

科学者が一雄一雌の動物をアンフェタミン（覚醒剤）で興奮させると、もはやパートナーでは満足しなくなる。異常な人工的刺激が脳の報酬系に作用し、持続的な絆をつくる回路を抑え込んで乱交的な哺乳類と同じにしてしまうのだ。

ポルノは脳にとって性愛の刺激となり、ドーパミンを大量に産生させる。メタンフェタミン（覚醒剤）やヘロインのような中毒性のドラッグの強力な魅力は、それがセックスのために進化した仕組みを乗っ取るからだ。ラットを使った研究では、性的興奮で生じるドーパミン水準は、モルヒネやニコチン投与で引き起こされるものに匹敵した。

「オルガズムは自然の強化因子として最も強力なものだし、遺伝子の再生産が最優先の仕事なので、ポルノのストリーミングを見ながらオナニーするのは、神経学的に並ぶものがない」とウィルソンはいう。食べ物は消費の限界があるが、インターネットポルノ消費には物理的限界がない。この強烈な刺激によって脳の配線が書き換えられてしまうのだ。

ポルノ漬けから抜け出すにはどうすればいいのか？　幸いなことに、オンラインの自助グループの報告では、オンラインポルノを意識的にやめることで勃起障害が治ったり、恋人との性生活が回復するようだ。これはネット用語で「再起動（reboot）」と呼ばれる。

——ただしPAWS（ポスト強烈禁断シンドローム）と呼ばれる禁断症状の恐れがあり、勃起障害をもつ者がポルノをやめると、しばしば一時的ながら絶対的な性欲喪失と「異様に生気のない性器」を特徴とする「フラットライン」が報告されている。

いったん「ポルノ脳」になってしまっても、自助グループなどの支援を受けつつ、「ポルノを断って人生を取り戻す」ことは可能だとウィルソンは励ます。ただし、VR（ヴァーチャルリアリティ）のポルノについては、この強烈な刺激が思春期の若者の脳にどのような影響を及ぼすか「恐ろしい」と述べるだけだ。

ギャンブル版のSDGs

ラスベガスでマシン・ギャンブリングへの依存症を調査したナターシャ・ダウ・シュールによると、いまではカジノは、一人ひとりのプレイヤーの〝予測生涯価値〟を算出している。これは「そのプレイヤーが一生のうち、（自分たちの施設で）いくらくらい金を失うか」の予想額だ。[*20]

それがたとえば２０００万円でプレイヤーが40歳だとすると、平均余命の40年をかけて〝予測生涯価値〟を実現するのがギャンブル会社の目標になる。大金を賭けさせて顧客を破滅させるのではなく、1年間に50万円ずつ40年かけて２０００万円の利益の実現を目指すという、ギャンブル版のＳＤＧｓ（持続可能な開発目標）だ。実際、ギャンブル業界が新たに始めた顧客重視の「iCareプログラム」では、「持続可能であるために、ゲーム業界は生涯のプレイヤーを保持しなければならない」としている。

アメリカでもマシン・ギャンブリングと依存症の関連は繰り返し政治的な議論になっているが、連邦政府や州政府の財政はマシンが生み出す税金に頼りきっているため、それらを一律に禁止したり、厳しく制限したりすることができない。こうして「責任あるギャンブリング」の原則が声高に唱えられるようになった。

責任あるギャンブリングは、経済学でいう「合理的経済人」のように、正しい情報を与えられれば、自由意志で自ら選択・行為し、その結果に完全に責任がとれる「合理的ギャンブラー」を前提としている。こうした新自由主義的な立場は、商品やサービスの提供にあたってつねに消費者が権利をもつべきだという「消費者主権」の考え方とも相性がいい。ただしその場合、主権（神によって与えられた絶対的な権利）をもつ者は、絶対的な責任を負うことになる。

これはギャンブル業界にとって都合のいいレトリックだが、問題は、業界の莫大な収益のほとんどが「問題のある消費者行動」に由来していることだ。

アメリカのギャンブル業界団体は、依存症は一般人口の1～2％、比較的軽度ながら「問題のあるギャンブリング」が3～4％で、それ以外は健全な娯楽（エンタテインメント）としてギャンブルを楽しんでいると強調するが、実際にはギャンブル人口のなかで病的ギャンブラーや問題のあるギャンブラーが占める比率はもっと高く、常連（リピートギャンブラー）の20％という調査もある。

より深刻なのは、電子ゲームでの問題のあるギャンブリングの比率が3～4倍高いことだ。カナダでは、ビデオ宝くじ端末（VLT）とスロットマシンについて、問題のあるギャンブラーがそれぞれ賭け金の77％、72％を占めており、ギャンブル消費の約50％が依存症者かその予備軍によるとされている。フィンランドでは、問題ギャンブリングが占める割合は全体の3・3％だが、依存症や問題を抱えるギャンブラーの消費は、女性のギャンブル消費の28・5％、男性の20・8％にのぼる。オーストラリアでは、ギャンブル収益の36％が「いわゆる問題ギャンブラー」の賭け金だった。

イギリスのギャンブル事情を20年にわたって調査した文化人類学者のレベッカ・キャシディは、「ギャンブル障害を持つ人々は、一般集団の15倍も自殺を図っている」「ギャンブル問題を抱える人が一人いると、そこから平均6人が直接影響を受ける」「イギリスでは200万人以上がギャンブル依存状態にあるか、今後問題を抱える危険性があるとされている。さらに、12万5000人のこどもが問題ギャンブラー状態にあるか、ギャンブル問題を抱える恐れがある」と警告している。[*21]

大衆消費資本主義の本質

マシン・ギャンブリングでは近年、「責任あるゲーム装置（RGD）」のコンセプトが注目されている。ギャンブルへの社会的批判が強まってきたので、消費者（ギャンブラー）にすべての責任を負わせるのではなく、その一端をマシンにも担わせようというのだ。

「責任あるゲーム装置」では、ユーザーがプレイを管理できるように次のような機能が搭載された。

- **マイアカウント**：時間単位（日ごと、週ごと、月ごと、年ごと）でギャンブル活動や勝敗を追跡する
- **ライブ・アクション**：今現在のプレイセッションの最新の出費を追跡できる
- **マイマネーリミット**：一定期間の出費の上限を設定できる
- **マイプレイリミット**：ある一定時間プレイをロックし、「クールダウン期間」を確保する

どれも「責任あるギャンブリング」に役に立ちそうに思えるが、実際には、このシステムを使用するとプレイセッションが80％長引き、賭博行為が132％（2倍以上）増加した。だが悪い話ばかりではなく、RGDはプレイの出費低下とも結びついていた。

ギャンブラーはプレイを管理するさまざまな機能を駆使して、より少ない出費でより長くプレイする（〈ゾーン〉に止まる）よう試行錯誤していた。自己監視・自己管理のためのツールによってさらにギャンブル依存の深みにはまっていくという皮肉な事態だ。

ギャンブル業界にも、（依存症者を生み出しているのに、自分たちには責任がないと主張する）欺瞞的な体質に耐えられなくなる者はいる。ある有能なゲーム開発者は、「自分が開発したマシンをプレイするギャンブラーに会ったとき、吐き気を感じた」という。それをきっかけに、彼はおもちゃ製造会社に転職した。

この男性の次の言葉は、大衆消費資本主義の本質を見事に言い表わしている。[*22]

「スロットマシンの設計から小さな子供向けのソフトウェアゲームの設計に変わって奇妙に思えたのは、これがそれほど大きな変化ではなく、実際、その二つはとても似ているところがあるということだった。それにはほんとうに驚いた。私はこれを、心のなかの同じ部分を魅了するもの、気晴らしのための非常に単純化した本能として見た。子供とギャンブラー、それらは似たようなタイプの顧客なのだ」

ギャンブルやゲームだけでなく、SNSや買い物、オンラインポルノに至るまで、脳の報酬系を刺激する行動依存には〈ゾーン〉がともない、それがセラピーや向精神薬（精神安定剤）として作用し、（依存症のせいで引き起こされた）つらい人生をつかの間、忘れさせてくれる。いったんこの罠に落ちたら、抜け出すことはきわめて困難か、まったく不可能だ。

これは究極のマーケティング（収益最大化装置）なので、消費者が大人であるか子どもであるかは関係ない。いまやすべてのビジネスが、あなたの脳の報酬系をハックしようとしのぎを削っているのだ。

＊1　菜摘ひかる『依存姫』主婦と生活社
＊2　翻訳はナターシャ・ダウ・シュール『デザインされたギャンブル依存症』（日暮雅通訳、青土社）
＊3　警察庁生活安全局保安課「令和2年における風俗営業等の現状と風俗関係事犯の取締り状況等について」
＊4　以下の記述はデイヴィッド・J・リンデン『快感回路　なぜ気持ちいいのか なぜやめられないのか』（岩坂彰訳、河出文庫）より
＊5　J. Hollerman and W. Schultz (1998) Dopamine neurons report an error in the temporal prediction of reward during learning, *Nature Neuroscience*
＊6　井川意高『熔ける　大王製紙前会長 井川意高の懺悔録』幻冬舎文庫
＊7　リンデン、前掲書
＊8　シュール、前掲書
＊9　M・チクセントミハイ『フロー体験　喜びの現象学』今村浩明訳、世界思想社
＊10　シュール、前掲書
＊11　下條信輔『サブリミナル・マインド　潜在的人間観のゆくえ』中公新書
＊12　マーティン・リンストローム『買い物する脳　驚くべきニューロマーケティングの世界』千葉敏生訳、早川書房
＊13　アダム・オルター『僕らはそれに抵抗できない　「依存症ビジネス」のつくられかた』上原裕美子訳、ダイヤモンド社
＊14　日本語版は久里浜医療センターhttps://kurihama.hosp.go.jp/hospital/screening/iat.html

*15 リンデン、前掲書
*16 「ネトゲ廃人」世界が本腰」朝日新聞2018年1月4日
*17 ゲーリー・ウィルソン『インターネットポルノ中毒 やめられない脳と中毒の科学』山形浩生訳、DU BOOKS
*18 フィリップ・ジンバルドー、ニキータ・クーロン『男子劣化社会 ネットに繋がりっぱなしで繋がれない』高月園子訳、晶文社
*19 ウィルソン、前掲書
*20 シュール、前掲書
*21 レベッカ・キャシディ『ギャンブリング害 貪欲な業界と政治の欺瞞』甲斐理恵子訳、ビジネス教育出版社
*22 シュール、前掲書

PART 4

自分をHACKせよ

——テクノロジーが実現する「至高の自己啓発」

「ちがう自分」という強迫観念

2021年に完結したアニメ『新世紀エヴァンゲリオン』では、「ゼーレ」という謎の秘密結社が、使徒と呼ばれる謎の生命体を使って「人類補完計画」を遂行しようとする。その内容を解説するのは私の手にあまるが、名称からわかるように、この「計画」は人類（わたしたち）になにかが「欠けている」ことが前提になっている。だからこそ、それを「補完」しなくてはならないのだ。

主人公の碇《いかり》シンジをはじめとする少年少女たちは、この「欠けているもの」を補うために、エヴァンゲリオンに乗って使徒と闘う。だがそれと同時に、登場人物の誰もが自分の内側に欠落したものを抱えていて、世界（人類）を救おうとする壮大な物語は、個人のこころの傷と再生の物語と重ね合わされ、共振する。

「わたし」のなかに秘められたパワーが宿っていて、なにかのきっかけで神や悪魔、魔術師、ミュータント、スーパーヒーローなどに変身するという物語は、紀元前1500〜前1000年頃にまとめられたとされる古代バビロニアのギルガメシュ叙事詩から「ハリー・ポッター」まで連綿と語り継がれてきた。

わたしたちはなぜ、これほどまでに「ちがう自分」になろうとするのだろうか？

エスリンの誕生

サンフランシスコからシリコンバレーを越え、太平洋沿いにハイウェイを南に下ると、風光明媚な観光地、モントレーへと至る。そこからさらに1時間ほどロサンゼルスに向けて車を走らせると、州立公園のなかの人里はなれた海岸に木造の角ばった建物がぽつんと建っている。この温泉リゾートは、かつてこのあたりに住んでいたネイティブアメリカンの部族にちなみ「エスリン（Esalin）」と名づけられた。

1961年夏、マイケル・マーフィーとリチャード・プライスという30歳になったばかりの2人の若者が、この地に「人生の意味と可能性についての新しい考え方を追求する宗教・哲学・心理学のための交流の場」をつくろうとしていた。[*1]

エスリンはもともと、裕福な医師であったマーフィーの祖父が病院兼保養所としてつくった温泉場だった。孫のマイケルはスタンフォード大学時代に東洋思想の講義を受け、ヒンドゥー教の聖者ラマナ・マハリシに魅了され、卒業後はインドのアシュラム（修行場）でヨーガと瞑想の日々を過ごした。カリフォルニアに戻ってからもホテルボーイのアルバイトをしながら、郊外の瞑想センターで暮らしていた。そこに、大学時代の同級生だったリチャード・プライスが訪ねてきた。

プライスの置かれた境遇は、高等遊民のマーフィーよりずっと深刻だった。プライスは大学で心理学の学士号を得た後、ハーヴァードの大学院に進んだがそこで精神的に行きづまり、生活を立て直すために軍隊に入った。サンフランシスコ郊外の空軍基地で教職に就いた彼は、夜勤のスケジュールを利用して母校のスタンフォードを訪れ、そこで東洋思想と出会う。プライスを虜にしたのはアラン・ワッツというイギリス生まれの仏教研究者で、彼は日本の禅僧・鈴木大拙からZenを学び、それをアメリカで普及させようとしていた。

だがプライスのこころの病はさらに悪化し、幻聴に命じられて結婚したことが親に知られ、東部の精神科病院に強制入院させられる。この監禁生活はきわめて過酷なもので、電気ショックやインシュリンのショック療法に怯える1年を過ごしたのち、プライスはうちひしがれてサンフランシスコに戻ってきた。

裕福な家系の出でエリートのマーフィーは、あてのない自分探しの旅をつづけていた。暗鬱な精神科病院から帰還したばかりのプライスは、自分を社会につなぎとめてくれる新しい心理療法を必要としていた。同級生の2人は意気投合し、マーフィー家の財産である温泉場を改築し、そこに心理学者や神秘主義者や哲学者や芸術家や詩人たちを集め、新時代（ニューエイジ）のコミュニティをつくろうと考えたのだ。

ヒューマン・ポテンシャル運動

ポグロム（迫害）を逃れてアメリカに移住したユダヤ系ロシア移民の家庭に生まれ、心理学者になったアブラハム・マズローは、精神疾患など人間のネガティブな側面ばかりを強調するフロイトの精神分析学や、ラットと人間を同一視するかのようなB・F・スキナーの行動主義心理学に反発し、創造性や至高体験、自己実現を重視する「人間性心理学」を唱えた。

マズローは、1962年に刊行され大きな反響を呼んだ主著『完全なる人間　魂のめざすもの』で、「ひとの精神的本性は善であり（すくなくとも必然的に悪ではなく）、生存のための基本的欲求が満たされれば、ひとはごく自然に善なる本性に向けて成長していく」と説き、人格形成の目標をきわめて簡明な言葉で表現した。それが〝自己実現（self-actualization）〟だ。

62年の夏、マズローは夫人と休暇を過ごすためにカリフォルニアをドライブする途中で、たまたま見かけたコテージで一夜を過ごすことにした。受付にいた若い男は、宿帳の名前を見て、『完全なる人間』の著者なのかと訊いた。マズローがそうだと答えると、「マズローだ！　マズローだ！　マズローだ！」と叫びながらプライスを呼びに走った。設立したばかりのエスリンは、全米でもっとも高名な心理学者を客に迎えたのだ。

マーフィーとプライスの話を聞いたマズローは、彼らの向こう見ずな計画をすっかり気に入った。マズローはつねづね、「完全なる人間」を育成するには教育が必要だと考えており、エスリンがそのための最適な実験場になるかもしれないと思ったのだ。この「実験」は人間の潜在的な可能性を追求する「ヒューマン・ポテンシャル運動」と名づけられ、やがてマズローは、エスリンを「この国の最も重要な教育機関」と絶賛するまでになる。

マズローのお墨付きを得て、エスリンは高名な学者を呼んでさまざまなセミナーを開催した。そのなかには、イギリスの作家で神秘主義者のオルダス・ハクスリー、文明史の研究で知られるアーノルド・トインビー、人類学者のグレゴリー・ベイトソン、ノーベル賞を受賞した物理学者のリチャード・ファインマンがおり、ボブ・ディランなどのミュージシャンが訪れ、フォーク歌手のジョーン・バエズはここを定宿にしてプールサイドで即席のコンサートを開いた。

だがエスリンの生んだ最大のスターは、60年代のもっとも著名な2人の心理療法家、ゲシュタルト療法のフレデリック（フリッツ）・パールズと、オープン・エンカウンターのウィリアム・シュッツだった。

フリッツ・パールズはドイツ生まれのユダヤ人で、精神分析の訓練を受けた後、ナチスに追われて故国を離れ、オランダ、イギリス、南アフリカを転々としながら独自のセラピー技法を開発した。

パールズがフロイト理論と決別したのは、彼が43歳のときだった。南アフリカで精神療法家として成功したパールズは、当時80歳のフロイトに会うべく国際精神分析学会に出席した。パールズが部屋を訪ねると、フロイト本人がドアを開け、2人は戸口に立って2〜3分話をした。そしてフロイトは、さようならといって、ドアを閉めた。パールズはその虚しさから、フロイトを永久に許すことができなかった。

フロイトの精神分析が過去の出来事（あのとき、あそこで）にこだわるのに対して、パールズのゲシュタルト療法はフロイト理論を転倒させ、あるがままの自分（いま、ここで）こそが重要だと考えた。過去は解釈次第でどのようにも変わり、過去の意味を決めるのは現在の自分だからだ。

パールズは、次のような例で説明する。

馬に乗って草原を駆けていたら、それが凍った湖だとわかって転倒してしまった。乗馬自体はなにも変わっていないのだから、落馬の理由は草原か凍った湖かという認識のちがいしかない。すなわち、考え方ひとつで運命は変わるのだ。

ゲシュタルトは身体や感情をともなった全人格的な統合のことで、ありのままの自分をまるごと受け入れることをパールズは気づき（覚知＝アウェアネス）と呼んだ。――この考え方は、現在は「マインドフルネス」と呼ばれている。

エスリンの成功とともにパールズのゲシュタルト療法も有名になり、ハリウッドから映画監督やスターたちが〝導師〟のセラピーを受けに続々とやってきた。

「意識改革」を目指す試み

1950年代、CIA捜査官エドワード・ハンターは、朝鮮戦争で中国軍の捕虜となった兵士の一部に奇妙な現象が起きていることに気がついた。ごくふつうのアメリカ青年だった彼らは、いまや毛沢東を賛美し、母国を非難する共産主義者に転向していたのだ。ハンターは、中国の捕虜収容所で兵士の思想の人為的な改造が行なわれていると考え、これを〝Brainwashing〟と名づけた。中国語の「洗脳」の直訳だ。

米軍の研究者たちは、中国軍の行なった洗脳の技術を解明しようとさまざまな実験を行ない、それを分離・移行・統合の3つのプロセスにまとめた。

「分離」とは、相手を日常生活から完全に隔離することで、捕虜収容所や軍隊の新兵訓練所、オウム真理教のサティアンなどがこれにあたる。捕虜は名前を奪われて番号やホーリーネームで呼ばれ、私物はすべて取り上げられ、現実世界との交流を絶たれ、逃げ出す術がないことを思い知らされる。

「移行」では、自意識や自尊心を破壊し、セルフコントロールを失わせて精神的に不安定な状態（変成意識状態）に誘導する。極端な不眠や絶食をさせたり、罵詈《ばり》雑言《ぞうごん》を浴びせたり、意味不明のマントラを何十時間も唱えつづけさせたりして意識を不安定にし、「頭がからっぽになる」まで追いつめていく。

「統合」とは、宙ぶらりんになった自己を〝正しい〟場所に着地させることだ。教義や思想を徹底して教え込んだあと、壁を打ち壊すような体験（イニシエーション）をさせる。軍隊では、戦場で敵を殺すことで仲間から祝福され、兵士としてのアイデンティティを確立する。中国軍の捕虜収容所では、毛沢東思想を賛美する手紙を故国の親に書くという「儀式」を乗り越えると、これまで鬼のようだった訊問官たちが満面の笑みを浮かべて抱擁してくれる。それによって兵士や捕虜は、自分が〝正しい〟場所にたどり着いたことを知るのだ。

ちょうどその頃、洗脳の軍事研究とは別に、さまざまな「心理操作」のテクニックがヨーロッパからアメリカへと伝えられ、大学などの教育機関でもひろく研究されはじめていた。

ベルリン大学でゲシュタルト心理学を講じていたクルト・レヴィンは、ナチスの台頭を逃れてアメリカに渡り、１９４０年代に「グループ・ダイナミクス」と呼ばれる集団でのリーダーシップ訓練を編み出した。この手法は対人関係を向上させる「感受性訓練」（ＳＴ＝センシティビティ・トレーニング）として、企業向けの管理職研修などに使われるようになった。

オーストリアの精神科医ヤコブ・レヴィ・モレノは、心理劇によってこころの抑制を取り払い、感情を自発的に表現することでカタルシス（浄化）を得る集団療法を１９２０年代に生み出した。戦時下にニューヨークに移ったモレノは、この療法を「エンカウンター」と名づけ、心理療法家カール・ロジャーズらとともに普及につとめた。エンカウンターは「出会い」のことで、参加者は心理劇や集団討論を通じて日頃抑えつけていた感情を爆発させ、新しい自分と出会うのだ。

このようにして１９６０年代には、軍による洗脳研究とＳＴやエンカウンターなどの集団心理療法が合体し、全米各地の教育機関や官庁、企業、病院、軍隊などで人間性の向上や意識改革を目指すさまざまな試みが行なわれていた。

ゲシュタルト療法のパールズがアメリカを永住の地に定め、エスリンにやってきたのは70歳のときだったが、それに対してウィリアム・シュッツは40代の新進気鋭の心理療法家としてこの地に招かれた。

シュッツはＵＣＬＡで心理学の博士号を取得した後、ハーヴァードでエンカウンターを体験し、母校で教鞭をとるべくカリフォルニアに戻ってきた。彼は集団心理療法のさまざまな技法を統合したオープン・エンカウンターを提唱し、１９６７年に"Joy: Expanding Human Awareness（よろこび　人間のアウェアネスを拡大する）"という本を出したばかりだった。シュッツは、ヒューマン・ポテンシャル運動の中心であるエスリンこそが新しい心理療法を試す格好の場だと考えた。

シュッツの主張は、秘教的なパールズのゲシュタルト療法に比べてはるかにわかりやすかった。テレビのトークショーに出演して、彼はいった。

「さあ、よろこび(Joy)を手に入れましょう。いい気持ちになる(feeling good)ことは、自分の可能性を充たすことです。自分が愛されているとわかれば、その感情を自由に表現する自信が湧いてきます」

「よろこび」はエスリンの大ヒット商品となり、シュッツのセミナーには"Joy"を得ようと参加者が列をなした。

信じられないような「超越体験」

その当時行なわれた伝説的なワークショップに、人種間エンカウンターがある。参加者は白人と有色人種(黒人と若干の東洋人)の男女35人で、カウンセラーや教師などリベラルな中流層が集まった。

集団討論が開始されると、白人の参加者たちは、パーティには黒人のゲストを招くとか、会社では黒人を採用して昇進させているとくちぐちに述べ、自分が人種差別とは無縁の進歩的な自由主義者であることを認めさせようと躍起になった。[*2] だが黒人を加えて人種間ゲームを行なうやいなや、たちまちのうちに白人参加者の偽善と黒人たちの怒りがさらけ出された。

トレーナーは、人種間の緊張に風穴を開けるために、土曜日の朝から日曜日の昼まで、一睡もせずに30時間ぶっとおしでつづくマラソングループを行なうことにした。だが徹夜のエンカウンターセッションは絶望的なもので、黒人も白人もつぎからつぎへと湧いてくる怒りを抑えることができなかった。この集まりは、エスリンで行なわれたなかで最悪のものになりそうだった。

そして太陽が昇る頃、〝奇跡〟は起きた。

精神的に限界まで追いつめられた1人の白人女性が、「私は黒人としかデートしない」といった。「白人男性には愛想をつかした」からだという。

参加者の誰もが、彼女の言い訳が白人リベラルのうすっぺらなごまかしだと知っていた。それを責められた女性は、その場に座り込んで泣き出した。

そのとき1人の黒人女性が、部屋を横切って彼女を抱きしめた。そのまま2人は、いっしょに泣いた。

しばらくのあいだ、まったくの沈黙が支配した。参加者たちは、黒人が白人のために泣くという信じられない光景を見つめていた。それからお互いに顔を見合わせ、相手の目にも涙が溢れているのを知った。ごく自然に誰もが抱き合い、やがて部屋は泣き声で包まれた。最悪のセッションは、これまででもっとも感動的な場面を生み出した。

それはエスリンでしか得られない、信じられないような「超越体験」だった。人種間エンカウンターは定期的な催しになり、しばらくのあいだ大変な成功を収めた。

自己実現した主体によって世界は進化する

1960年代末から70年代はじめにかけて、エスリンの名声は頂点に達した。アメリカばかりでなく世界各地に、人間性開発の「成長センター」が100ヵ所以上もつくられた。ヒューマン・ポテンシャル運動のショーウインドウとして、ヨーガや瞑想などのスピリチュアルから、ゲシュタルト療法、エンカウンターなどニューエイジ系の心理療法まで、人間の潜在的な可能性を拡大するありとあらゆる試みがエスリンで行なわれ、その成果が世界じゅうに発信された。

マズローの人間性心理学は、白人エリート層を中心に、60年代のアメリカ社会で熱狂的に受け入れられた。

人間性心理学の最大の利点は、そのわかりやすさだ。それはフロイト流の精神分析のような不愉快な話(「ほんとうはお母さん/お父さんとセックスしたいんでしょ」)を抜きに、人生の意味と目標を簡明に教えてくれる。

マズローによれば、ひとには満たされない欲求を充足しようとする本性があり、その欲求は息をし、食べ、眠り、セックスするという基本的なものから安全の欲求、所属と愛の欲求、承認の欲求へと階層化され、自己実現の欲求へと至る。これが「欲求の五段階説」で、ひとは生活上の欠乏から解き放たれてはじめて、自己実現という高度の欲求を充足できるとされた。人生の目的は、「完全なる人間」に向けていまの自分を超えていくことだ。

これは、哲学者ニーチェの「超人」をアメリカの大衆文化に合わせて翻案したものだった。

マズローは、自己実現にあたって「至高経験（peak experience）」を強調した。自己実現は愛情や創造性にかかわる高次の欲求で、宗教的・神秘的な経験をともなう大きな感動を与えてくれる。マズローがエスリンに夢中になったのは、そこで「至高経験を得る＝自分を超えていく」魂の技法が開発できると考えたからだ。

マズローが『完全なる人間』で自己実現を説いたのが１９６２年で、翌63年にはハーヴァードを解雇されたティモシー・リアリーが、ＬＳＤの〝至高経験（トリップ）〟による意識の拡大を唱えはじめた。人類史上未曾有の繁栄を当たり前のものとして育ったアメリカ白人層の若者たち（ベビーブーマー）は、大義のない戦争や人種差別といった社会の矛盾を正すだけでなく、伝統や格式のくびきを外し、「ほんとうの自分」と出会ってよりゆたかな精神性を手に入れたいと熱望していた。時代の気分が、人間性心理学やサイケデリックを求めていたのだ。

リアリーは、ベトナム反戦運動や公民権運動から距離を置き、ＬＳＤ体験者が一定数を超えれば〝サイケデリック革命〟によって世界は進化し、差別も戦争もない理想社会が実現すると主張した。エスリンの神秘主義者や心理療法家たちも外の世界に興味を示さず、自己を高め純化する〝インナートリップ〟を繰り返していた。

リアリーもマズローもエスリンのセラピストたちも、まったく同じ理念を共有していた。

- **ひとは無限の可能性をもっている。**
- **人間性は、薬物**（リアリー）**や技法**（マズロー）**によって変革できる。**
- **自己実現した主体によって、世界は理想に向けて〝進化〟する。**

彼らにとって重要なのは、政治や社会制度を公正・公平なものに改革することではなく、人間性を変革する確実で効率的な方法を開発することだった。その道を薬物に求めた者は、古今東西のありとあらゆるドラッグを試した。東洋思想に求めた者はインドやチベットで修行し、ヨーガ、瞑想、禅を究めた。心理療法に求めた者は、参加者の精神を極限まで追い詰め人格を解体する過激なセラピーやワークショップに突き進んだ（実際、何人もの自殺者が出た）。

セックス、ドラッグ、ロックンロールに象徴される60年代の奇妙な文化現象は、「至高経験」という見果てぬ夢につながっている。そこは法律や倫理はもちろん常識すら通用しない無法地帯で、こころを対象に考えられるかぎりの「人体実験」が行なわれた。この壮大な人間改革運動が終わると、その跡地には膨大な数の薬物中毒者と精神障害者と社会不適応者の群れが残されていた。だがエスリンの遺産は、それだけではなかった。

自己啓発した主体によって成功と幸福が実現する

ウェルナー・エアハルトは高校を卒業すると、大学には行かず、車や通信教育の教材を訪問販売するセールスマンとして生計を立てた。彼はデール・カーネギーの成功哲学の熱烈な信奉者で、セールスマンとして頂点を極めたのちセールス・トレーナーに転進した。

もともと心理学に興味のあったエアハルトは、マズローの人間性心理学とヒューマン・ポテンシャル運動に魅了され、サンフランシスコに居を移してエスリンに通いつめるようになった。エアハルトはそこでフリッツ・パールズのゲシュタルト療法を受け、ウィリアム・シュッツのオープン・エンカウンターを体験し、アラン・ワッツから禅を教えられ、それ以外にもオカルトから東洋思想、サイエントロジーまでありとあらゆる「至高経験」を試みたあと、満を持して「エアハルト・セミナーズ・トレーニング」（略称〝エスト〟）を設立した。

エアハルトのアイデアは、エスリンの高尚で秘教的な雰囲気を一掃し、ヒューマン・ポテンシャル運動の成果を誰でも手軽に享受できるようにすることだった。ワークショップはホテルの大会議室で行なわれ、トレーナーやその助手はスーツ姿で、雰囲気はセールスマン・セミナーそっくりだった。

エアハルトは参加者に、人間性の変革ではなく実社会での効用を説いた。

- **ひとは無限の可能性をもっている。**
- **能力は、教育や学習、訓練によって開発できる。**
- **自己啓発した主体によって、人生は成功と幸福に向けて〝進化〟する。**

「成功哲学」の理論は、インプット（入力）とアウトプット（出力）の関係で考えるとわかりやすい。

あなたは社会（環境）からインプットを受け、外に向けてアウトプットを返す。これは一種の相互フィードバックシステムで、外部からのインプットであなたは変わり、あなたからのアウトプットで外部は変わる。

あなたがいま不幸なのは、外部（社会）が間違っているからだと考えるなら、対処法は政治運動や社会改革でよりよいインプットを得られるようにすることだ。それが人間関係のトラブルなら、相手を批判して態度を改めさせればいい。

しかし（ゲシュタルト療法のように）視点を変えてみれば、あなたからの間違ったアウトプットが外部を歪め、その結果、不正なインプットが返ってきているのかもしれない。だとしたら、他者を批判していてもなんの意味もない。あなたが出力信号を正し、それによって外部が変われば、正しい入力信号が送り返されてくるのだから――。

この理屈はきわめて明快でわかりやすい。自分と他者が互いに影響しあっているのは自明だから、出力の調整はどちらが先に行なっても結果は同じになるはずだ。これが「成功哲学」で、誰もがポジティブなアウトプットを送り合うことで「新しい自分」へと啓発され、経済的な成功や社会的な地位、幸福な人生が実現するとされた。

エアハルトのイノベーションは、エスリンのさまざまな技法を取り入れて〝自己啓発〟を商品化しただけでなく、セミナー参加者が友人や知人を誘うマルチ・マーケティングを採用したことにある。セミナーの卒業生にエンロールメント（勧誘）を課すことで（「この感動をあなたのいちばん大切なひとに分け与えてください」)、やる気に溢れた「営業マン」をタダ働きさせることができたのだ。

エストはたちまち大成功を収め、エアハルトは大金持ちの有名人の仲間入りをした(人気歌手のジョン・デンバーもエストのメンバーだった)。だがエスリンは、それを黙って見ているしかなかった。彼らはヒューマン・ポテンシャル運動の先駆者だったが、知的財産権もなければ指導的立場にあるわけでもなかった。

エストの成功を見て全米で同じような団体が乱立し、それは海を越えて世界各地に広まっていった。日本でも1980年代に「自己啓発セミナー」として多くの参加者を集め、過剰な勧誘が社会問題にもなった。

このようにして、西海岸の寒村から始まった長い旅もようやく終着点にたどり着いた。自己啓発は、アメリカ流の成功哲学に、洗脳や化学兵器などの軍事技術開発とドラッグやニューエイジなど60年代のカウンターカルチャーを接ぎ木して、大輪の花を咲かせたのだ。

狂気にも似た時代の追体験

「ほんとうの自分」が現実世界によって抑圧され、隠蔽されているという思想(あるいは信念)は、1960年代後半にアメリカ西海岸で始まったヒッピー・ムーブメント(フラワーチルドレン）で唱えられ、たちまち世界じゅうの若者を魅了した。このニューエイジ思想は日本ではサブカルチャーに引き継がれ、多くの作品を生み出すことになる。

１９７０年代に始まったアニメ『機動戦士ガンダム』では、人類は「ニュータイプ（覚醒した者）」と「オールドタイプ（覚醒していない者）」に分かれるとされた。「ニュータイプ」が何かは作品中では明らかにされないが、この（意図的に）曖昧にされた「新人類」像が若者たちのこころをとらえたのは（『ニュータイプ』というアニメ雑誌までつくられた）、「いまの自分＝オールドタイプ」への違和感が広く共有されていたからだろう。

第二次世界大戦が終わり、人類史上とてつもなく平和でゆたかな時代が到来したことで、「自分らしく自由に生きる」というリベラルな価値観が急速に広がっていく。この人類史的なパラダイム転換を背景に、内面への旅（インナートリップ）によって「ほんとうの自分」を発見しようとする熱狂が疫病のように蔓延《まんえん》していった。

１９６０年代の「覚醒した」若者たちは、「自分らしく生きる」という新しい価値観を純粋に追求しようとした。それはまた、「新しい自分＝ニュータイプ」へと生まれ変わろうとする試みでもあった。その後に流行した数々のサブカルチャーは、ある意味、60年代の文化革命（カルチャー・レボリューション）の変奏であり、焼き直しだ。

ヒトが感じられる快楽や欲望には脳の仕様による限界（ヒューマン・ユニヴァーサルズ）が

あり、どれほどテクノロジーが進歩しても、脳をつくり変えないかぎり、それを超えることはできない。紀元前500年頃のブッダや孔子、ソクラテスの思想がいまも参照されつづけるのは、同じスペックの脳によって、同じ人生の問題を考えているからだ。これが、人類史がひたすら同じことを繰り返しているように見える理由だろう。

人間は「進化論的制約」に強く拘束されているのだから、わずか半世紀前の壮大な社会実験の影響から逃れられないのは不思議でもなんでもない。わたしたちは、60年代の狂気にも似た体験の数々を、新しいテクノロジーを使って、より洗練された仕方で追体験しているだけなのかもしれない。

磁覚を獲得しようとするバイオハッカー

サイエンスジャーナリストのカーラ・プラトーニは、アメリカ、ペンシルヴェニア州の郊外でバイオハッカー集団「グラインドハウス・ウェットウェア」のメンバーたちと出会った。[*3] 彼らはショッピングセンターで買い集めた電子機器部品で「人間の経験の拡張を目指して身体に手を加える「身体改造」装置」を製作しようとしていた。彼らを突き動かすのは「創造したい、強化したい、「ふつう」を脱したい」という衝動だった。

人間の目が光として感知するのは電磁波のごく一部で、可視域は下限が360〜400

ナノメートル、上限が760〜830ナノメートルだ。それより短い波長の電磁波には紫外線（UV）、X線、ガンマ線が、長い波長の電磁波には赤外線、マイクロ波、ラジオ波があるが、どれも「見る」ことができない。

同様に、人間の耳が音として感じるのは20ヘルツから2万ヘルツのあいだで、それより低い超低周波や、それより高い超音波を「聴く」ことはできない。

さらに、人間には視覚、聴覚、味覚、嗅覚、触覚の五感しかないが、自然界にはそれ以外の知覚をもつ生き物がたくさんいる。磁覚（磁場を感知する能力）は、渡り鳥やウミガメから昆虫、さらには細菌にいたるまで広く見られるが、人間には（おそらく）備わっていない。

「バイオハッカー」「超人主義者」「身体改造アーティスト」などと呼ばれる市井の科学者たちは、この磁覚を手に入れることによって人間を超えることを目指していた。でもどうやって？　ボディピアス店で、指先や指のあいだに米粒大の磁石を埋め込むのだ。

磁石は直径3ミリ、長さ7ミリのペレット形をしていて、体内で崩壊しないようコーティングされている。施術そのものは簡単で、皮膚をわずかに切開して磁石を「皮膚のすぐ下の皮下層」に埋め込むだけだ。

施術から2ヵ月ほどで、周囲の環境にある「別の層の情報」を感じられるようになる。壁のなかを走るケーブルのような隠れた金属がわかるだけでなく、コンセントや蛍光灯、電源コードなどの電流も感じられる。それは「ハチの羽音のざわめき」のようで、映画館のスピーカーからの振動のように「強い重低音が体を駆け抜けるみたいな感じ」がするのだという。

もちろん、手に磁石を埋め込むだけで新たな感覚が生じるわけはない。だが（まともな）研究者のなかにも、脳には驚くべき可塑性があるのだから、触覚チャンネルの一部を磁石からの刺激に割り当てることはじゅうぶんありうると考える者がいる。

さらには、手の甲などにマイクロチップを埋め込み、車の始動やスマホ、コンピュータの起動、体温の監視や個人情報の保存から、クレジットカードや銀行口座の取引にまで利用する「バイオハッキング」も北欧を中心に行なわれている。

人工網膜で視覚を拡張する

知覚を強化するために指先に磁石を埋め込むオタク（バイオハッカー）を嗤《わら》うのはたやすいが、現実はさらにその先をいっている。視覚障碍者のために、実用レベルの人工網膜がすでに登場しているのだ。[*4]

カリフォルニアのベンチャー企業が開発した「アーガスⅡ人工網膜システム」は、眼球に内部アンテナと受信機、電極アレイと呼ばれる視神経への送信機を埋め込む。メガネのブリッジに搭載されたカメラで光を捕捉すると、それをユーザーのポケットにあるビデオプロセッサーで増幅し、メガネの側面についているディスク型のメインアンテナにケーブルで画像が送られる。ここから、眼球に埋め込まれた装置に画像が転送されるのだ。

画像といっても、アーガスⅡは60個の点しか視神経に伝えることができない。正確にいうなら、人工網膜で見えるのは画像ではなく、「明るい／暗い」のコントラストだけだ。だがそれでも、進路にある障害物をよけたり、ドアや窓、室内にいる人物を見つけることができた（その人物が自分に顔を向けているかどうかを見分けられることもあった）。

人工網膜の開発は、アーガスⅡ以外にも、ベンチャー企業や大学・研究機関でさまざまな方法が試みられている。

アルファＩＭＳでは１５００個の感光性フォトダイオードを電極にはめ込み、これを搭載したチップを網膜の奥に埋め込んで、生き残っている光受容細胞を刺激する。この方式では光から電気信号への変換を眼内で行なうのでカメラは不要だ。

メガネに組み込んだ装置とオプトジェネティクス（光遺伝学）を組み合わせた方式では、眼内に装置を埋め込む必要がない。オプトジェネティクスは、光感受性タンパク質のオプシンを細胞内に挿入し、特定の波長の光を当てて、きわめて高精度でニューロンを制御する。この方式では、カメラの画像を、網膜からの刺激と同じ電気パルスに変換（エンコード）することで、コントラストだけでなく自然にちかい画像を体験できるようになると期待されている。

いずれの方式が今後主流になるかはわからないが、ひとつだけ確かなことがある。それは、人工網膜の機能が拡張可能なことだ。

人間の可視域はきわめて狭く制限されているが、人工網膜なら赤外線カメラをシステムに接続することで、夜行性動物のように暗闇でものがよく見えるようになる。顔認証システムと組み合わせれば、眼の前の人物が何者なのかだけでなく、経歴やＳＮＳでの評判、あるいは犯罪歴まで瞬時に表示されるかもしれない。それればかりか、アーガスⅡの方式では人工網膜に接続するカメラはなんでもかまわないので、監視カメラや他の人工網膜ユーザーの画像を見ることも可能だ（もちろんそれを録画することもできる）。

聴覚はさらに容易に拡張可能で、いずれ人工内耳で「健常者」には聴こえない低周波や高周波を知覚できるようになるだろう。味覚、嗅覚、触覚はデジタル化が難しいぶんだけ難易度が高いが、「健常者」が体験したことのない味、匂い、肌触りがテクノロジーによって生み出されるかもしれない。

東京２０２０パラリンピックでは、走り幅跳びで8メートル62の世界記録をもつ「義足のジャンパー」マルクス・レームが、１９９１年にマイク・パウエルがマークした8メートル95の世界記録を更新するかが注目された。残念ながら偉業の達成はならなかったが、将来的には、テクノロジーの支援を受けた「障害者」が「健常者」の記録を上回るとの予想は多い。

自分の能力を拡張して「ニュータイプ」に進化したいというバイオハッカーの夢は、すでに着々と実現しているのだ。

エスタブリッシュメントからドロップアウト

ピーター・スコット＝モーガンはイギリスのエスタブリッシュメントの家庭に生まれ、全寮制の名門パブリックスクール、イートン校でヘッドボーイ（監督生代表）とフェンシング部の主将の座を約束され、理系の大学を目指していたものの、教師からは演劇の道に進むことを勧められていた。文武両道を兼ね備えた、まさに理想のエリート予備軍だった。[*5]

だが15歳のある日、すべてがあとかたもなく崩れ去った。校長室に呼び出されたピーターは、「汚らわしい所業」を理由に演劇部を退部させられ、ヘッドボーイとフェンシング部の主将に選出されることもないと告げられた。ピーターが同性愛者だという噂が流れていたのだ（1970年代前半の話だ）。

だがピーターは、これを機会に「一から自分を再発明」しようと決意し、当時、エリートがまったく興味をもたなかったコンピュータを大学で学ぶことにした。そして、親友にこう宣言した。

「これからの僕は、不公平な現実に耐えることを拒否する。代わりに現実を変えてみせる。殴られて降伏させられるのも、選択肢を奪われて服従させられるのもごめんだ。弱みを強みに変えて、新たな選択肢を創造するんだ」

エスタブリッシュメントが進学するオックスフォードやケンブリッジではなく理工系のインペリアル・カレッジ・ロンドンに進学したピーターは、20歳の夏、南西部のリゾート地にある同性愛者専用のホテルを予約した。それまで性体験のなかったピーターは、ホテルに着いたとたんにはげしく後悔した。そこに宿泊していた客は年配の男性ばかりだったのだ。

ピーターは12歳のときから、架空の国サラニア王国を舞台とするファンタジー世界を創造してきた。地理や文化だけでなく、王国で使われる言語と文字（筆記体と記号）を発明し、14歳の夏休みは竪琴の設計と制作に費やした。この王国で、ピーターはラハイランという魔術師だった。ラハイランには、騎士アヴァロンという愛人がいた。

ピーターは、老人客しかいないと思っていたホテルで運命の出会いをする。赤みがかったゆたかな金髪を肩まで伸ばし、筋肉質でしなやかなその若者は、フランシスという名のホテルの副支配人だったが、ピーターが夢にまで見たアヴァロンのイメージそのものだった。

2人はたちまち恋におち、大学を休学してリゾート地で暮らすようになった。その後、ピーターはフランシスから勉学を続けるよう励まされ、ロンドンに戻って貧乏暮らしをしながら博士号を取得、コンサルティング会社のアーサー・D・リトルに就職する。ピーターはここで、あらゆる組織には「暗黙のルール」があり、改革を成功させるにはその分析が必須だと説いて大きな成功を収め、30代にしてアメリカ本社のシニアコンサルタントに抜擢された。

だが世界じゅうを講演して回る生活に疲れたピーターは、40代で会社を辞めて個人で仕事を受けるようになり、独立して時間に余裕ができたことで地理や歴史、美術を勉強し、フランシスと世界を旅行して回った。

2005年にイギリスで「市民パートナーシップ法」が施行されると、ピーターとフランシスは法的に認められた同性愛者の最初のカップルになった。18年の法改正で、2人は正式に結婚し夫婦になった。

「生涯の愛人」と順風満帆な人生を送っていたピーターに最初の異変が起きたのはその頃だった。突然、右足が思うように動かなくなったのだ。多くの検査を受けてもその原因はわからなかったが、やがて進行性の神経変性疾患ALS（筋萎縮性側索硬化症）であることが判明した。

サイボーグからAIのアバターへ

物理学者のスティーヴン・ホーキングは学生時代にALSが発症したあと、50年以上にわたって研究活動を続けたが、これは病気の進行が遅かったからで、ピーターの場合は身体の機能を喪失し、最後は眼球しか動かすことができなくなり、22ヵ月以内に死亡する可能性が高かった。

だが15歳のあの日と同じように、ピーターは運命に屈服することを拒否した。

ALSは運動を司るニューロンが萎縮していくが、脳の思考能力は維持されるし、心臓や肺など内臓機能が損傷するわけでもない。ただ、動かなくなるだけだ。だとすれば、失われた機能をテクノロジーで補うことで、はるかに長く生きられるのではないかとピーターは考えた。

胃瘻《いろう》によって胃に直接栄養を送り込み、排尿と排便のために膀胱と結腸にチューブをつなぐ。肺に空気を送り込む筋肉が機能しなくなったときのために、気管切開によって人工呼吸器を装着する。このように身体を「サイボーグ化」すれば、がんや心臓病、老衰などで死ぬことはあっても、ALSによって生命を奪われることはない。

だが、そんな状態で生きつづけることに意味があるのだろうか。これについてもピーターは、解決策を見つけ出していた。ヴァーチャル空間に自分のアバターをつくり、眼球の指示によって以前と同じ声でコミュニケーションするのだ。このアバターはいわばヴァージョンアップしたピーター・スコット＝モーガンで、〈ピーター2・0〉と名づけられた。

脳梗塞などによって、意識と記憶は正常だが全身麻痺が起きるのが「閉じ込め症候群」だ。フランスのファッション雑誌『ELLE』の編集長だったジャン＝ドミニク・ボービーは、かろうじて動かせる左目のまばたきによって意思疎通を行ない、20万回のまばたきによって回顧録を書き上げた。――この経緯は映画『潜水服は蝶の夢を見る』で広く知られることになった。

だがピーターは、アイトラッキング（眼球の動きの追跡）でキーを指示するだけでなく、それをAI（人工知能）で支援することを考えた。スマホの予測変換のようなもので、ピーターが会話を始めようとすると、定型的な言葉をAIが代わりに話しはじめる。ピーターは重要な部分を指示するだけなので、自然な会話が可能になるのだ。〈ピーター2・0〉は、いわばAIと融合するのだ。

だが、話はこれで終わらない。これを何年、何十年と続けていくと、AIは学習によって本物のピーターにどんどん近づいていき、しまいには外部からはAIとピーターの区別がつかなくなる。いわば〈ピーター3・0〉だ。

ヴァーチャル世界では、AIのピーターは魔術師ラハイランとして生きつづける。たとえ現実のピーターが死んでも、フランシスはログインすることで、いつでもラハイラン（のAI）に会うことができる。そして、フランシスもより高性能のコンピュータで自分のAIを学習させれば、騎士アヴァロンとなって、2人はサラニア王国で永遠の愛を生きるのだ。12歳の頃のピーターが夢見たように……。

脳をリバースエンジニアリングする

〝サイボーグ〟となったピーター・スコット＝モーガンは、脳以外のパーツを機械によって代替する人類の未来を象徴している。コロナ禍でも健在で、自分を〈ピーター2・0〉に更新できたよろこびを感じ、「デジタル空間の私は年を取らないし、あらゆる言語を話せる。週7日間、これまでのキャリアで最もハードに働いているよ」と語る。[*6]

人類を「補完」し「ニュータイプ」になりたいという夢想は、いまやテクノロジーのちからで現実のものになりつつある。

人工網膜や人工内耳は外部の刺激を脳に伝えるが、逆に、脳のインパルスを現実世界の信号に変える研究も行なわれている。

カリフォルニア大学バークレー校の心理学者ジャック・ギャラントは、視覚刺激に対して脳がどのように反応するかを詳細に解析し、その刺激を再構成する「脳のリバースエンジニアリング」に取り組んでいる。*7

２００９年の実験では、ある写真を見た被験者の脳の刺激を再構成し、５０００万枚の別の写真からもっとも近いものを選ぶモデルを構築した。そこでは、港はよく似た形の湾とペアになり、一列に並んだ劇場の俳優たちは、階段で一列に並んだ子どもたちとペアになった。

２０１１年には、ギャラントのポスドクだった西本伸志《しんじ》が動画を使ったモデルをつくり、ユーチューブからダウンロードした５０００時間の動画と比較した。このプログラムは、「砂漠を歩く象」のオリジナルを、「象と同じくらいの大きさで形状も象とおよそ一致する生き物が、歩く速度で左から右へ移動していて、背景に空が映っている」動画として再現した。

ギャラントはさらに、被験者に映画の予告編を見せ、脳の活動からそれに関連した単語を抽出する実験も行なっている。アン・ハサウェイ主演のラブコメディーでは、「女性」「男性」「おしゃべり」「部屋」「歩いている」「顔」という単語が、水中撮影された動画では、「魚」「泳ぐ」「水」「海底」「水域」などの単語が表示され、マナティは「鯨」と〝誤解〟された。

研究者たちは、将来的には脳の刺激を再構成して、夢や記憶、内語（思考や概念）などを読み取ることも可能になると考えている。脳と機械をニューロンレベルで接続するのがブレイン・コンピュータ・インターフェイス（ＢＣＩ）だが、このテクノロジーが実用化されれば、ピーターはＡＩに頼ることなく、考えたことをアバターにしゃべらせ、文字に出力できるようになるだろう。

脳をエンハンスメントする

ＤＢＳ（脳深部刺激療法）は頭蓋骨を開頭したうえで脳の特定部位に電極を埋め込む外科手術で、１９５０年代のアメリカで同性愛の「治療」に使われたことで批判を浴び、ロボトミーとともに葬り去られたが、近年、パーキンソン病の治療法として復権し、投薬や心理療法の効かない難治性うつ病に劇的な効果があるとして注目を集めている。

興味深いのは、ＤＢＳで認知機能が向上したとの報告が相次いでいることだ。

ドーパミンを分泌させる報酬系（側坐核）を電気刺激すると幸福度が上がるので、不安障害やうつ病で試験が行なわれている。するとその副産物として、「言語能力から複雑な問題解決能力に至るまで」さまざまな認知領域が活性化された。記憶力を増強する効果もあり、ある研究では、「とうの昔に忘れていた人生の出来事が、力強い生き生きとした映像になってあふれ出してきた」という。[*8]

DBSを使って勉強や仕事のモチベーションを上げることも可能だ。

2013年に発表されたスタンフォード大学の実験では、もともと性格のちがう2人のてんかん患者の中帯状皮質前方部に電極を埋め込み、微弱な電気刺激を与えた。すると2人とも、「何かしなければ、何かに取り組まなければ」という強い持続的な意欲を感じたという。

DBSでは、人格まで変わってしまうかもしれない。すくなくとも電気刺激によって、(ロックからカントリー・ミュージックへ)音楽の好みがまったく変わってしまった事例が報告されている。

頭蓋骨を開頭するのはハードルが高いが、tDCS(経頭蓋直流電気刺激)では、頭皮に直接、低レベルの電流を流すだけで数学、語学、学習スキルなどが向上した。大きな電磁コイル(磁石)を頭皮にあてるTMS(経頭蓋磁気刺激)は抑うつ治療に使われるが、これも、記憶力や想起スピードを向上させる効果が確認されている。[*9]

脳のエンハンスメント(増強)が夢物語だった時代は終わり、いまや現実のものになりつつある。最初は発達障害の子どもが対象だろうが、そうなると一般の(裕福な)親も、同じテクノロジーを自分の子どもに使いたいと思わないだろうか。

これについてはすでに議論になっていて、「ある領域の認知機能を強化すると、別の領域の能力が低下する」可能性を危惧する研究もあれば、「適切な範囲でいちばん早い年齢で介入し、その子の人生の過程で最大の効果が得られるようにすべきだ」との主張もある。

美容整形手術がもともと、戦場などで顔に外傷を負った兵士の治療法として始まったように、脳のエンハンスメントも早晩、より一般向けに商品化されることになるだろう。

優生学2・0とトランスヒューマニズム

脳とコンピュータ（インターネット）を融合させるBCIは脳科学の驚異的なブレークスルーで、「人間」の概念を大きく変えてしまう。その究極の目的は、脳のすべての情報をそのままコンピュータに転送するマインド・アップローディングだが、その実現には（楽観的な研究者でも）100年はかかるとする。

より現実的にニュータイプに近づく方法は、遺伝子編集によって「新人類」をつくりだすことだろう。

クリスパー・キャス9（ナイン）は、ワードプロセッサーのようにDNAの特定の配列を削除・挿入・コピーするゲノム編集技術で、これを使えば、ハンチントン病や嚢胞性《のうほうせい》線維症のような深刻な障害につながる単一遺伝子疾患を遺伝子レベルで治療できるし、がん治療への応用も期待されている。[*10]

それればかりか、単細胞ヒト胚を編集すれば、全世代の子孫に永続的な影響を与えることができる。これが「デザイナーベイビー」で、髪や目の色の遺伝子はある程度特定できているので、日本人でも金髪碧眼の子どもをもつことが可能になるだろう。知能は多くの遺伝子がかかわる複雑（ポリジェニック）な過程で、IQの高い子どもを人工的につくることは現在の技術水準では不可能だが、将来的には、知能にかかわる主要な遺伝子が特定されることは間違いない。

「優れた」遺伝子をもつ者同士を交配させ、「劣った」遺伝子を排除することで人類を進化させようとしたのが優生学（Eugenics）で、精神病者・障害者の断種やホロコーストの悲劇を生んだ。それに対して、テクノロジーによって自分の子どもの遺伝子を操作することは「優生学2・0（Eugenics2.0）」と呼ばれる。中国では2018年に、研究者がゲノム編集の技術を使ってエイズウイルス（HIV）に耐性がある遺伝子をもつ双子を誕生させたと発表し、アメリカでは21年、生物学者の親が「多遺伝子胚スクリーニング」でもっとも優れた受精卵を選んで子どもをもうけた事例が報じられた。

ゲノム編集は、ネガティブな影響力をもつDNAの配列を修正したり、「よりよい」配列に改変できるだけで、人間にもともと備わっていない能力がもてるようになるわけではない。映画『X-MEN』のようなミュータントはつくれないが、『ガタカ』が描くような、人工授精と遺伝子操作によって優れた知能・体力・外見をもつ「適正者」と、自然妊娠で生まれた「不適正者」に世界を分断するじゅうぶんなちからをもっている。――『サピエンス全史』のユヴァル・ノア・ハラリはこれを「ホモ・デウス(神人)」と「無用者階級」と呼び、いずれわたしたちはこのような未来を迎えることになるという不吉な予言をした。

それにもかかわらず、いまの自分を超えて「ほんとうの自分」になりたいという「見果てぬ夢」を、わたしたちはあきらめることはできないだろう。それはいままさに、(一部のひとには)手の届くところまできているのだから。

テクノロジーの発達は不可逆的で、ひとびとの「もっとゆたかになりたい」「幸福になりたい」という願いや欲望を制止することは、(気候変動で人類が地球に住めなくなるような事態を除けば)不可能だろう。「自分らしく生きたい」という60年代のささやかな夢は、テクノロジーと融合してトランスヒューマニズム(超人思想)となり、グロテスクなディストピアを生み出すことで終わるのだろうか。

そんな世界で、わたしたちはどう生きていくのか。それが最後の問いになる。

＊1　以下の記述はウォルター・トルーエット・アンダーソン『エスリンとアメリカの覚醒　人間の可能性への挑戦』（伊東博訳、誠信書房）より

＊2　こうした「自己正当化」は、現代のアメリカでは「ホワイト・フラジリティ（白人の脆弱さ）」と呼ばれている。詳しくはロビン・ディアンジェロ『ホワイト・フラジリティ　私たちはなぜレイシズムに向き合えないのか？』（貴堂嘉之監訳、上田勢子訳、明石書店）

＊3　カーラ・プラトーニ『バイオハッキング　テクノロジーで知覚を拡張する』田沢恭子訳、白揚社

＊4　プラトーニ、前掲書

＊5　以下の記述はピーター・スコット＝モーガン『NEO HUMAN　ネオ・ヒューマン　究極の自由を得る未来』（藤田美菜子訳、東洋経済新報社）より

＊6　「人生の半分「バーチャル生活」　人類の進化か退化か」日本経済新聞電子版２０２１年5月25日

＊7　プラトーニ、前掲書

＊8　ローン・フランク『闇の脳科学　「完全な人間」をつくる』赤根洋子訳、文藝春秋

＊9　イブ・ヘロルド『Beyond Human　超人類の時代へ　今、医療テクノロジーの最先端で』佐藤やえ訳、ディスカヴァー・トゥエンティワン

＊10　ジェニファー・ダウドナ、サミュエル・スターンバーグ『CRISPR（クリスパー）　究極の遺伝子編集技術の発見』櫻井祐子訳、文藝春秋

PART 5

世界をHACKせよ

——どうしたら「残酷な現実」を生き抜けるか？

「寝そべり族」はなぜ生まれたか

「寝そべっているのはいいことだ、寝そべっているのは素晴らしい、寝そべるのは正しい、寝そべっていれば倒れることもない」

２０２１年６月、中国でジャン・シンミンという36歳の男性がソファに寝転び、ギターを爪弾きながら歌う動画が削除された。[*1]

それに先立つ同年４月、大手ポータルサイトの掲示板に「食事は１日２回でいいし、働くのは１年に１～２ヵ月でいい」「〝寝そべり〟はまさに賢者の運動。〝寝そべり〟だけが万物の尺度だ」とする「〝寝そべり〟は正義だ」という文章がアップされ、ＳＮＳを通じて急速に広がった。彼らは〝躺平族《タンピン》（寝そべり族）〟と呼ばれる。

この風潮に対して中国国防省の報道官は、「この激動の時代に寝そべりながら成功を待つなどあり得ない。必死の努力にこそ栄光がある。若者たちよ、奮起せよ」と発破をかけた。習近平政権による民間学習塾規制、未成年のオンラインゲームの週３時間制限、アイドル推し（ファン活動）への規制なども、出生率を上げ、中国共産党を支持する「健全」な若者を育て、活気ある社会を維持することが目的とされている。

中国で「寝そべり族」が増殖する背景には、１９９０年代から30年にわたって続いた高度経済成長が市場の成熟とともに減速し、「頑張って働けば報われる」という親世代のような夢を若者たちがもてなくなったことがある。

21世紀に入ると、日本の「草食系」や韓国の「ヘル（地獄のような）朝鮮」など、先進諸国で「自分たちは親世代よりゆたかになれない」というあきらめが拡がった。それがいよいよ中国にまで波及したのだ。

これらの若者たちに共通するのは、人生は「攻略不可能な理不尽なゲーム」という感覚だ。無理ゲーに対処するもっともシンプルな方法はゲームに参加しないことで、それが「寝そべり主義」だが、なにもしないままではどんどん社会の底辺に押しやられてしまう。

それに対してアメリカの「ミレニアル世代（1980〜95年生まれ）」のあいだでは、より現実的な2つの人生戦略が広まっている。それが「ミニマリズム」と「FIRE」だ。

「恋人」が「売春婦」になる理由

社会学者の橋本努によれば、「ミニマリズム」は20世紀初頭、ロシア革命の時代に、マルクス的な共産主義の理想を求める急進（革命）勢力に対し、実行可能な「最小限（ミニマム）」の要求だけを掲げる現実主義的な改革派（社会民主主義）の呼称として使われたのが最初だとされる。

1960年代になると、ミニマリズムはアートの分野で「芸術形式をその最も基本的な要素に還元する」アヴァンギャルド運動となり、音楽の分野では音の繰り返しを多用する「ミニマル・ミュージック」へと展開し、1980年代には現在のような「シンプルな生活」の意味で使われるようになった。それがいま世界的に注目され、「ミニマリズム・ルネサンス」とでも呼ぶべき状況になっている。[*2]

1979年生まれのマーク・ボイルは、2007年にイギリスでフリーエコノミー（無銭経済）運動を創始し、翌08年の「国際無買デー」から1年間、お金をいっさい使わずに暮らす実験を行なった。

オーガニック食品の会社で働いていたボイルは、そこが「サスティナビリティ（持続可能性）の楽園」でないことに落胆し、より倫理的な生き方をしたいと考えた。ボイルがなぜ「無銭生活」という過激な実験を始めたかは、売春（売ること）とセックス（与えること）の比喩で説明される。

愛するひととのセックスが無上のよろこびなのは、そこに金銭がかかわらないからだ。それに対して、セックスのあとに1万円の現金を渡すと、愛はあとかたもなく消えて売春というビジネスになってしまう。だとすれば、お金のない生活では純粋なよろこびだけが得られるのではないだろうか。[*3]

同じことを市井の社会学者ジェイン・ジェイコブズが、『市場の倫理 統治の倫理』ですでに論じている。統治の倫理は愛憎を含む権力ゲーム（政治空間）で、市場の倫理は金銭を介したドライな関係（貨幣空間）だ。これはどちらが優れているということではないが、2つの倫理を切り分けないと社会は混乱するとジェイコブズは警告した。[*4]

市場の倫理に政治が混入すると、ネポティズム（縁故主義）や汚職・腐敗のようなことが起きる。その一方で、統治の倫理に貨幣が混入すると大切なものが「穢《けが》れて」しまう。これは愛情や友情が「かけがえのないもの（プライスレス）」だからで、値段（プライス）のつけられないものを金銭に換算すると「恋人」は「売春婦」に変わる。わたしたちはお金を欲しながら、同時にお金を「汚い」と感じているのだ。

とはいえ、ボイルが主張するように、お金（貨幣空間）が諸悪の根源で、お金のない世界（政治空間）が無条件に素晴らしいとはいえない。なぜならそこは、愛情や友情に満ちているわけではなく、憎悪や嫉妬、権謀術数が渦巻くベタな人間関係でがんじがらめになったムラ社会でもあるからだ。

近代というのは、わたしたちが息苦しい共同体（コミュニティ）を捨てて、モノやサービスを貨幣と交換するドライな関係（市場経済と資本主義）を望んだからこそ生まれたのだ。

自己啓発としてのミニマリズム

マーク・ボイルのドン・キホーテのような「無銭生活」を実践しようとするひとはほとんどいないだろうが、（ボイルと同じ）1979年生まれの佐々木典士《ふみお》は、必要最低限のモノだけで生活する、より現実的なミニマリズムを提唱している。*5

出版社で働くようになって10年目の佐々木は、「仕事から帰ってくると、まず服を脱ぎ散らかす。洗面ボウルが割れたまま修理していない浴室で、シャワーを浴びる。撮り溜めたテレビ番組や、たくさん借りてきた映画を見ながらビールのロング缶を1本空ける。次はワイン。ワインを1本飲みきっても足りず、酩酊しながらコンビニに駆け込むこともたびたびあった」という生活にどっぷり浸かっていた。

入社当時の「価値観自体を問える仕事」をしたいという熱い気持ちはいつしかすっかり冷え込んで、人生のすべてを言い訳していた。

朝起きられないのは、夜遅くまで働いていたから。太っているのはこういう体質。満足でない給料のせいで広い部屋に引っ越せない。もっと恵まれた環境なら、ぼくも本気を出せるはずなのに。収納が少ないからモノが散らかってもしょうがない。広い部屋に住めさえしたら、ぼくもきっと片付けるはずだ。

そんな生活を続けているうちに、佐々木はモノを維持・管理するために時間もエネルギーも使い果たしているのではないかと考えるようになった。こうして、人生を変えるためにモノを手放すことを決断する。

本と本棚、食器棚と雑貨、服、広すぎる机とテーブル、42型のテレビなどを捨て、写真や思い出の手紙をすべてスキャンしてミニマリストになった佐々木は、生活を楽しみ、自由と解放感を感じ、健康で行動的になり、人間関係も変わって「今、ここ」を味わえるようになるなど、さまざまなポジティブな変化を体験する。

佐々木以前にも、「断捨離」「シンプルライフ」「ノマドワーク」など、モノやしがらみを捨てるという提案は日本社会で広く受け入れられていた。近藤麻理恵の『人生がときめく片づけの魔法』がベストセラーになったのは2011年で、その後、「こんまり現象」はアメリカにまで広がった。佐々木の新しさは、こうしたさまざまな潮流を「自己啓発としてのミニマリズム」に再定義したことにあるのだろう。

マーク・ボイルは「お金のいらない生活」を目指したが、佐々木は「モノが必要ない生活」を提案した。両者に共通するのは、かつては幸福の象徴だったものが、いまでは自分たちの人生を蝕《むしば》んでいるという感覚だ。だからこそ人生を（あるいは世界を）変えるために、それらを捨てなければならないのだ。

お金がなければ自由もない

１９３９年にニューヨークのスパニッシュ・ハーレムに生まれたジョー・ドミンゲスは、英語を満足に話せない母親と生活保護に頼りながら暮らし、ストリートギャングのメンバーになって爆発物のつくり方を覚え、抗争相手への襲撃作戦を練った。そんななかで、福祉システムや司法システムをいかに利用するかを学んでいった。

大学進学の機会がなかったドミンゲスにとって幸運だったのは、１９５０年代のアメリカが学歴社会の形成途上だったことで、聡明だった彼はウォール街に職を得ることができた。60年代初頭には、最初期のコンピュータを使ってテクニカル分析をするためのツールを開発し、それを投資銀行に売って10万ドル（２０２０年で70万ドル≒８０００万円相当）の資産を築くと、「30歳になる前にアーリーリタイアし、自分の人生を生きる」という目標を実現した。

その後、大学を卒業して女優を目指していたヴィッキー・ロビンと出会ったドミンゲスは、「モノを買うことで幸せになれる、多いほど豊かだという幻想」からの解放を説く社会活動を2人で始め、１９９２年にその主張を"Your Money or Your Life（あなたのお金か、あなたの人生か）"にまとめてベストセラーになった。

ところが1997年にドミンゲスはがんのために世を去り、2004年にはロビンもがんの宣告を受けて、すべての活動をやめてリタイア生活を送ることになる。だが2007～08年のリーマンショックと世界金融危機のあと、ドミンゲスとロビンの思想はミレニアル世代を中心にSNSで広がり、「FIRE（ファイアー）」と呼ばれるようになった。「経済的独立、早期退職（Financial Independence, Retire Early）」の頭文字だ。

このブームを受けて、ロビンは2018年に"Your Money or Your Life"の4度目の改訂版を出し、総発行部数は累計で100万部を超えた。[*6]

FIREの目標は、お金を使わない質素な生活をしてできるだけ多く貯蓄し、投資によって金融資産を増やしていくことだ。その理念を共有するパートナーを得て2人で貯蓄に励めば、より早く目標に到達できる。

FIREの基本は「4%ルール」で、年間生活費を25倍した金融資産を株式と債券に分散投資すれば、毎年取り崩しても30年暮らしていける確率が95%だという。毎年の生活費が4万ドル（約440万円）なら、目標金額はそれを25倍した100万ドル（約1億1000万円）で、ミリオネアがひとつの目安になるだろう。

FIREはアメリカだけの現象ではない。私が出会ったコンサルティング会社に勤める28歳の男性は、結婚を考えている女性と2人合わせて世帯年収が1000万円程度になるので、生活コストの安い地方に引っ越してリモートワークするつもりだと語っていた。ミニマリスト的な生活をして年間300万円くらいで暮らせば、年700万円貯蓄できる。それを株式（インデックスファンド）で運用すれば、30代のうちに経済的に独立できるという堅実なプランだった。

自由とは、会社（給料）や家庭（夫）、国家（福祉）などに依存せずに自分の人生を選択できることだ。"No Money, No Freedom（お金がなければ自由もない）"というFI（経済的独立）の徹底したリアリズムは大きな影響力をもつようになり、いまや世界中の多くの若者たちが倹約と資産運用によって「自由な人生」を手に入れようとしている。

絶望の理由は「貧困」ではなく「失業」

「無銭生活」を説くマーク・ボイルと、倹約によってできるだけ多く貯蓄するFIREは対極にあるように思われるが、どちらも「お金にとらわれない」生き方を目指している。ボイルがストレートに「お金の必要ない生活」を目指すのに対して、FIREでは人生に必要なお金をできるだけ早く手に入れることを目指す。じゅうぶんなお金があれば、それ以上稼ぐ必要はないのだから、やはりお金の呪縛から解放されるのだ。

ここからわかるように、FIREもまたミニマリズムの潮流に位置づけることができる。モノが必要ないライフスタイルなら、収入の大半を貯蓄に回すことができるから、より早く（より少ない金融資産で）経済的独立を達成できるだろう。

多くのひとが「人生を変えたい」と思っているが、一歩を踏み出せない大きな理由が将来の経済的な不安だ。ＦＩＲＥは、「先にゆたかになる」ことでこのハードルをクリアする実現可能なステップを示し、若者たちのこころをとらえた。

ＦＩＲＥのもうひとつの目標がＲＥ（早期退職）だが、これは悠々自適の生活をすることでは（おそらく）ない。

経済学では、ひとはみな「人的資本」をもっており、それを労働市場に投資して収入（給料）を得ていると考える。ほとんどのひとにとって人的資本こそが金融資本（富）の源泉なのだから、早期退職（ＲＥ）で人的資本をゼロにするのは人生設計としてバカげている。

さらに近年、ひとを絶望させるのは「貧困」ではなく「失業」だというデータが積み上がっている。世界じゅうで（コロナ前は）平均寿命が延びているにもかかわらず、アメリカの中高年の白人労働者階級（ホワイト・ブルーカラー）だけは、２０００年以降、平均寿命が短くなっていた。この奇妙な現象を調べた経済学者は、その原因が「アルコール、ドラッグ、自殺」だとして、これを「絶望死」と名づけた。[*7] 高卒や高校中退という「低学歴」の彼ら／彼女たちは、仕事を失い、社会から見捨てられ、屈辱のなかで自暴自棄になって死んでいくのだ。

逆にいえば、仕事を通じて地域社会や仲間たちとつながっていれば、たとえ貧しくても「絶望死」のような悲惨な事態にはならない。こうしてアメリカのリベラルは、(それが可能かどうかは別として)「お金を配るより仕事を提供せよ」と唱えるようになった。

FIREはプアホワイトのような「貧困」ではないが、必死に倹約して経済的独立＝自由を手に入れたのに、なぜ「失業者」にならなければならないのか。現代社会では、職業的な成功こそがもっとも確実な自己実現への道だというのに。

早期退職(失業)はもはや、魅力的な人生の目標ではなくなっている。こうしてFIREは、「経済的に独立して、好きな仕事(社会活動)を通して大きな評判を手に入れる」という運動へと変わっていくだろう。実際、FIREを達成した者たちは、自らがインフルエンサーとなってこの理念の普及を勢力的に行なっている。

FI(経済的に独立した)ミニマリズム

BOBOS(ボボズ)は「ブルジョア(Bourgeois)」と「ボヘミアン(Bohemians)」を組み合わせた造語で、ゼロ年代以降に登場したニューリッチ(新富裕層)をいう。[*8]

典型的なBOBOSは夫婦とも高学歴で、リベラルな都市かその郊外に住む専門職(スペシャリスト）で、経済的に恵まれているものの華美な暮らしを軽蔑し、最先端のハイテクに囲まれながら自然で素朴なものに最高の価値を見いだす。正装してミシュランの星付きレストランで豪華なディナーを食べるのではなく、近所の洒落たビストロで、気のおけない仲間とカジュアルなパーティを楽しむようなひとたちだ。――ここからわかるように、BOBOSは「成功したミニマリスト」のことだ。

BOBOSの多くは弁護士、コンサルタント、エンジニア（プログラマー）などのクリエイティブ・クラスで、かつては会社に所属していたものの、いまでは急速にフリーエージェント化している。これまでは仕事を受注するのに一流企業の「看板」が必要だったが、インターネットやSNSで個人の評判がダイレクトに検索できるようになったことで、組織に属していなくてもプロジェクト単位で仕事を受けられるようになった。

フリーエージェントのメリットは、自分の裁量で働けることと、人間関係を選択できるようになることだ。

子育てしながら共働きするのは時間のやりくりが大変だが、夫婦ともにフリーエージェントなら、お互いのスケジュールを調整しながら仕事と家庭を両立できる。

アメリカではうつ病の増加が深刻な社会問題になっているが、その大きな原因は（日本と同じく）人間関係のストレスだ。好きなひととしか仕事をしないというぜいたくはできないとしても、「イヤな奴との仕事を断れる」だけでも幸福度は劇的に上がる。それに加えて、老後の人生を心配しなくてもいいだけの経済的な余裕があり、家族みんなが健康なら、それ以上望むものがあるだろうか。

このように考えれば、ミニマリストやＦＩＲＥの運動はフリーエージェント化したＢＯＢＯＳ（クリエイティブ・クラス）に行きつくことがわかる。いわば「ＦＩ（経済的に独立した）ミニマリズム」で、これが21世紀の人生設計の主流になっていくのではないだろうか。

ＳＮＳは「超常刺激」

60年代のカウンターカルチャーの正統な後継者として、生涯にわたってより高い精神性を追求した（そして最後まで、経営者としてよりよい製品の開発に執念を燃やした）スティーブ・ジョブズは、大衆消費資本主義の最大の成功者の一人であり、同時に全世界の数十億のひとびとを依存へと追い立てる道を切り開いた。それがスマホだ。

とはいえ近年の研究では、問題はネットに気軽にアクセスできるようになったことではない。

「活字中毒」という言葉があるが、雑誌や本をいくら読んでも依存症にはならないし、映画やテレビ番組をいくら見ても禁断症状を起こすようなことはない。これらの娯楽は脳の報酬系を刺激するが、依存症を引き起こすような強度をもたないのだ。

同様に、ネットサーフィンで記事やコメントを読んだり、YouTubeやTikTokの動画を見るだけでは、ムダな時間を過ごしたと落ち込むことはあるかもしれないが、それ以上の悪影響はないようだ。

「スマホ脳」をつくるのはより強烈な快感や欲求を生み出すコンテンツで、これは「超常刺激」と呼ばれる。人類が進化の過程のなかで出会ったことのない刺激のことで、脳はそれに適応することができない（あるいは、適応しようとして脳の配線そのものをつくり変えてしまう）。

オンラインの超常刺激としてすぐに頭に浮かぶのはゲーム／ギャンブルとポルノだろうが、それ以上に強力なのがSNSだ。わたしたちは、他者（共同体）からの高い評価を求め、同時に、ネガティブな評価を避けようとする強い「進化の淘汰圧」を受けている。

さまざまな調査・研究で、SNSを利用すると自尊心が下がったり、睡眠不足やうつのリスクが上がるという結果が出ている。とりわけ思春期の若者は、友だち集団のなかでの自分の位置を知るために、他者の評価をものすごく気にしている。

この圧力がどれほどすさまじいかは、若い女性のあいだで疫病のように蔓延する拒食症を考えればわかるだろう。生き物にとって根源的な欲求は生き延びることだが、友だち集団に受け入れられる（評価される）身体になりたいという願望はそれをも上回るのだ。

とはいえ、因果関係と相関関係はちがうから、SNSの利用時間と抑うつに相関関係があったとしても、もともと神経症傾向が高いひとがSNSにはまるのかもしれない。だが仮にそうだとしても、SNSがうつのリスクを顕在化させる（悪化させる）ことはもはや否定できなくなっている。

不安感が強いと、誰かが自分の悪口をいっているのではないかと疑心暗鬼になりやすく、SNSを頻繁にチェックしなくてはいられなくなる。しかしそれと同時に、「SNSには気分を落ち着ける効果がある」との研究もある。[*9]

この一見矛盾する結果は、脳の報酬系をハックしつつも、それを治療する向精神薬のはたらきもするマシン・ギャンブリングを思い出させる。SNSによって不安を掻き立てられ、SNSによってその不安を癒そうとしているのなら、出口はどこにもない。

デジタル・ミニマリズムの試み

1982年生まれのカル・ニューポートは、大学でコンピュータサイエンスを教える傍ら、2007年から“Study Hacks（スタディハックス）”というブログを書きはじめた。最新のテクノロジーを活用し、どうすればより生産性が高く価値ある仕事ができるかを論じたブログは熱心な読者を獲得し、何冊もの本を出すことができたが、やがてニューポートは、そのテクノロジー自体が問題を引き起こしていると考えるようになる。

ここまでは多くの論者が気づいていて、ライフハック系の本には「デジタル休息日」をもうけることなどが提案されている。だがニューポートは、そんな対抗策ではまったく役に立たないという。なぜなら、「デジタル・ツールは使わずにいられなくなるように設計されている。しかもその行為依存を助長する文化的な圧力はすさまじく、小手先の対処法ではとうてい歯が立たない」からだ。

SNSによる超常刺激に対処するには、「オンラインで過ごす時間を容赦なく削り、ごく少数の価値ある活動に集中する」しかないとして、ニューポートはこれを「デジタル・ミニマリズム」と名づけた。[*10]

そのためにはまず、30日間のアナログ生活で「デジタル・ツールの数々によって植えつけられた依存のサイクル」から脱し、その後は、「大事なことを達成するためにメリットがあるか否かという基準で厳選した少数のオンライン活動」だけを復活させる。それによって、「疲れ果てたマキシマリスト」から「主体的に行動するミニマリスト」に生まれ変わることができるのだという。――そのためにはスマホからSNSのアプリをすべて削除し、パソコンからしかアクセスできないようにする必要がある。

コンピュータサイエンティストであるニューポートは反動主義者ではなく、「テクノロジーの未来にある可能性に魅了されている」と語る。だがSNSのやりとりは、わたしたちの脳が「設計」された進化適応環境（旧石器時代）とはあまりにも異なっており、この新しい環境とどうつき合っていけばいいのかの試行錯誤は始まったばかりだ。

シリコンバレーが売り込む「早すぎる展開」に待ったをかけ、「人間らしく」生きるためにこそ、デジタル・ミニマリズムが必要とされているのだとニューポートは主張する。

ストア哲学は「究極のメンタルフィットネス・プログラム」

魔術と区別がつかない技術（テクノロジー）が次々と生まれるシリコンバレーで、マインドフルネスと並んで近年、人気を博しているのが2000年前の「ストア哲学」だ。

エピクテトスは帝政ローマ時代のギリシアで奴隷として生まれ、その後、解放されて哲学を講ずるようになった。

エピクテトスの教えが現代的なのは、政治に参加して社会を変えるのではなく（当時のローマでは、哲学者が「改革」を論ずることは許されなかった）、個人の内面の幸福や、より善く生きることを説いたからだ。

エピクテトスは、自分がコントロールできるものを「権内」、コントロールできないものを「権外」と峻別《しゅんべつ》し、権内のものごとだけに集中すべきだとする。

誰かがあなたを理不尽な理由で批判したとする。このとき、「なぜそんなことをいうのか」と憤ることに意味はない。なぜなら、他人がどう考えるかは権外で、あなたはそれをコントロールできないのだから。

しかし、理不尽な批判を受けたときにどう対処するかは権内、すなわちコントロール可能だ。権内のものごとだけに集中すれば、無駄に騒ぎたてたり、動揺して落ち込んだりするのではなく、不愉快な出来事を黙ってやりすごすことができるようになる。

この例からわかるように、エピクテトスにとっての「自制」はたんに我慢することではなく、逆境においても権外のものごとを無視することで安寧を獲得する技術なのだ。[*11]

ストア哲学では、富や健康、病気や貧困なども権外で、善悪とは無関係とされる。富（自分でコントロールできないもの）に執着していては幸福を手に入れることはできないとして、こころ（内面）のゆたかさを説く思想はブッダの教えと重なっている。

だが、闘って勝つことが最高の価値だと子どもの頃から教えられてきたアメリカ人にとって、ブッダや老荘思想のような諦観は「敗者の哲学」に思えるだろう。ストア哲学がアメリカのビジネスエリートに熱烈に受け入れられたのは、逆境こそが最高の「チャレンジ」の機会だと説いたからだ。それは「究極のメンタルフィットネス・プログラム」なのだ。[*12]

1960年代のサンフランシスコがカウンターカルチャーの中心だったように、ミニマリズム、デジタル・ミニマリズム、マインドフルネス、ストア哲学などの新しいライフスタイルは、シリコンバレーを中心とするアメリカ西海岸から世界に広まっている。テクノロジーの最先端にいる若者たちは、なぜテクノロジーから距離を置こうとするのだろうか。
その理由は、SNSなどの現代のテクノロジーによって、日常的に脳をハックされていることに気づいているからではないだろうか。
2016年の大統領選でトランプ陣営は、フェイスブックのユーザー情報からパーソナリティを解析し、トランプに投票させるだけでなく、ヒラリー・クリントンに投票させないよう最適化されたニュース形式の巧妙な宣伝を行なった。このニュースを読んだ有権者の一定数が、それがターゲット広告だと気づかないまま投票行動を変えたとされる。[*13]
政治家や企業、あるいはなにかの組織があなたの行動を操ろうとしているが、その目的がわからないばかりか、影響を受けていることすら気づかないのはものすごく不気味だろう。その脅威をもっともよく知っている（あるいは自ら開発している）者たちが、生活を極力シンプルにすることで、ハッキングから身を守ろうとするのはきわめて合理的だ。

「新しい人生を始めよう。さあ、世界を変えよう――」

ミニマリズムとFIREは、大衆消費資本主義にハックされることを拒絶する（回避する）試みで、ＳＮＳによって日常的に脳がハッキングされている現代社会では、その必要性はますます高まっている。

だが、エピクテトスがいうように権外（社会）の出来事を無視して、権内（個人的なこと）に集中するのはたんなるエゴイズムではないだろうか。

ディズニーアニメ『美女と野獣』を下敷きにした細田守監督のアニメ映画『竜とそばかすの姫』では、高知県の田舎町に住む女子高生すずが、世界50億人が利用する〈U〉というネット空間で歌姫のベル（Belle）になり、そこで竜という野獣（Beast）と出会う。

〈U〉はVoices（ボイシズ）という5人の賢者によって創造された究極の仮想世界で、イヤホンや腕時計、眼鏡などの専用デバイスから生体情報を読み取り、最適な分身As（アズ）が自動生成される。

そのためアバターは、本人の現実世界の一部を反映している。歌が好きだった母を目の前で亡くしてから、すずは歌うことができなくなるが、仮想空間では歌姫として「再生」されるのだ。

映画の冒頭で、ひとびとを仮想空間へと誘《いざな》うプロモーションが流される。

「〈U〉はもうひとつの現実。Asはもうひとりのあなた。ここにはすべてがあります」

「現実はやり直せない。でも〈U〉ならやり直せる。さあ、もうひとりのあなたを生きよう。さあ、新しい人生を始めよう。さあ、世界を変えよう――」

60年代のカウンターカルチャーでは、「よりよい世界」「よりよい未来」を実現するために対極にあるふたつの方法論が唱えられた。ひとつは公民権運動やベトナム反戦運動などの大衆運動によって政治や社会制度を変えていくこと、もうひとつは「一人ひとりが目覚めれば世界は変わる」というエスリン流の個人主義だ。

〈U〉のメッセージは、「もはや現実（リアル）を変えることなどできないのだから、ヴァーチャル空間でもうひとつの人生を手に入れ、世界を変えよう」とひとびとを誘惑する。事実、田舎の平凡な高校生すずは、〈U〉では世界じゅうから注目を浴びる「美女」に変身する。

物語は現実と仮想空間が重なり合って展開し、最後にすずは、アバターではなく「ほんとうの自分（そばかすの女子高生）」をさらすことで「世界」を変えるのだ。

現実をゲームのように修復する

「現実は壊れている（Reality is Broken）」と述べるのはゲームデザイナーのジェイン・マクゴニガルで、若者たちがゲームに夢中になるのは、現実では見つけられない人生の価値を提供しているからだという。[*14]

現実世界は、仮想世界が提供するような周到にデザインされた楽しさや、スリルのある挑戦、社会との強い絆を容易に提供することはできません。現実は効果的にやる気を引き出したりはしませんし、私たちが持つ能力を最大限に引き出して何かに取り組ませることもありません。現実は私たちを幸せにするためにデザインされていません。

こうして「現実は不完全だ」と考えるようになったゲーマーたちは、大挙して「ゲーム空間へのエクソダス（大脱出）」を敢行することになった。

ゲームはプレイヤーをフロー状態にするよう設計されており、「ワールド・オブ・ウォークラフト」のようなMMO（多人数同時参加型）ロールプレイングゲーム（RPG）では、仲間たちとちからを合わせて世界全体を改善している（壮大な物語に貢献している）という感覚を得ることができる。

現実世界では、わたしたちは「失敗してはならない」という強い圧力を受けていながら、富や名声など実現不可能な目標によって失敗を不可避にしてしまっている。これはいわば「攻略不可能なゲーム」で、世界じゅうで疫病のようにうつが広まる原因になっている。

だがゲームは、「楽しい失敗」をするように設計されている。子どもたちがゲームが大好きなのは、失敗するからだ。いちども失敗せずにクリアできるゲームほどつまらないものはない。

優れたゲームは、失敗するほど「もっとうまくなりたい」という気持ちになるようなフィードバックを送ってくれる。だからこそもっと没頭したくなり、もっと楽観的になって成功への期待が高まっていく。

それに対して現実世界では、希望を感じさせるような挑戦は稀で、失敗は挫折を生むだけだ。マクゴニガルは、「ゲームと比べると、現実には希望がない。ゲームは失敗への恐れを取り除いて、成功のチャンスを高めてくれる」という。

だからこそ若者たちはヴァーチャル世界へと「脱出」していくのだが、ここでマクゴニガルは発想を180度変えて、「現実をゲームのように修復すればいい」と提案する。これが代替現実ゲーム（ARG＝Alternative Reality Game）で、いわば「世界をハックする」試みだ。

「よりよい世界」をデザインする

代替現実ゲームでは、学校の退屈な勉強をゲームの攻略に変えたり、病気や怪我からのリハビリをRPGにしたり、見知らぬひととゲームを通じて現実世界でつながろうとする

――これはゲーミフィケーション（ゲーム化）と呼ばれる。マクゴニガルが紹介したり、自らつくったゲームが「世界を変える」ほどの影響力をもつかは正直、疑問があるが（2011年の原書で紹介されているARGは、現在ではほとんど話題になっていない）、「ゲームに合わせて現実を再設計する」という発想はとても刺激的だ。

社会運動では、人種差別や性差別の撤廃を求めるなどなんらかの「正義」を掲げて〝敵〟と闘う手法がとられる。だがこれは、その主張がどれほど正しくても、〝敵〟と名指しされた側が反発していたずらに社会を分断することにしかならない。――当然のことだが、「お前は悪だ」といわれて素直に納得する人間などいない。

それに対して「設計主義」では、神の視点から善悪を判断するのではなく、ひとびとの自由な選択が「よりよい世界」につながるように社会や制度をデザインすることを目指す。

ナッジ（Nudge）は「そっと肘でつく」の意味で、行動経済学が明らかにした人間の非合理的なバイアスをそれとは気づかずに修正するデザインを考える。よく例に挙げられるのが学校のカフェテリアのビュッフェで、サラダなどを取りやすいところに、フライドポテトなどファストフードを取りにくい奥に並べれば、子どもたちの自由な選択を保障したまま健康によい食品を選ばせることができる。これは「リバタリアン・パターナリズム（自由主義者のおせっかい）」と呼ばれる。[*15]

経済学のゲーム理論から発展したマーケット（メカニカル）デザインでは、すべての市場参加者が自由に（利己的に）選択することで、もっとも公平かつ効果的に資源が分配されるような設計を考える。電波オークションや保育園への子どもの割り当てなどで実際に使われているが、「すべての私有財産に課税することで、自由経済と資本主義のままコミュニズムに移行する」など、より大胆なメカニカルデザインも提案されている。[*16]

これらはいずれも現実世界（リアル）をどのように設計するかという話だが、いまではヴァーチャル世界が現実を侵食しはじめており、わたしたちは2つの世界をボーダレスに行き来するようになっている。フェイスブックはメタバース（metaverse; meta＝仮想空間のuniverse＝宇宙）に注力するために社名を「Meta（メタ）」に変えた。将来的には、一人ひとりに最適化されたメタバース（78億の宇宙）がヴァーチャル空間につくられ、誰もがすず（そばかすの姫）のようなヒロイン／ヒーロー体験をするようになるかもしれない。

効果的な利他主義

〈効果的な利他主義〉は哲学者ピーター・シンガーが"The Most Good You Can Do（あなたができるもっともよいこと）"で提唱し、[*17] シリコンバレーのベンチャー投資家ピーター・ティール（イーロン・マスクの盟友で、フェイスブックの大株主でもあり、2016年の大統領選でトランプを支援した）が賛同したことで広く知られるようになった。

テレビニュースで地震や台風による惨状が報じられると、多額の義援金が集まる。ひとびとの善意の発露に思えるが、〈効果的な利他主義〉者は、こうしたお金の使い方は無駄だという。なぜなら、日本や欧米諸国のようなゆたかな国には、被災者を支援するじゅうぶんな財源があるから。

同じ1万円を慈善活動に投じるのなら、そのお金をもっとも困っているひとたちのために使うことで、〝善意のコストパフォーマンス（コスパ）〟を最大化できる。

経済学者ジェフリー・サックスが、ロックグループU2のボノや女優アンジェリーナ・ジョリーらを巻き込んで、鳴り物入りではじめた「ミレニアム・ヴィレッジ・プロジェクト」は、アフリカの貧しい村に「いちどに多額の援助（ビッグプッシュ）」をすることで貧困をなくそうとする実証実験だが、いまでは〝貧困ポルノ（ほとんど効果がないたんなる見世物）〟とされている。[*18]

ノーベル平和賞を受賞したムハマド・ユヌスのマイクロクレジット（グラミン銀行）も、「所得、消費、健康、教育にほとんど（またはまったく）効果を及ぼしていない」として、「証拠の信憑性が低いもっとも痛烈な例のひとつ」だと批判されている。[*19]

だとすれば、「よいこと」をしたいひとはどうすればいいのか？　それは科学的な方法

（ランダム化比較試験）で慈善活動を評価することだ。

アフリカなど貧しい国の学校に教科書を配るという誰もが賛同する活動は、実際には、配布された教科書のレベルが現地の子どもたちにとって高すぎ、成績上位の生徒以外にはなんの効果も及ぼさなかったが、生徒たちの腸内寄生虫を駆除するという思いもかけない活動には目覚ましい効果があった。長期欠席が減っただけでなく、子どもたちの健康や経済状態も改善され、10年後の追跡調査では、駆虫を受けた子どもたちはそうでない子どもたちに比べて収入が2割も多かったのだ（それによって税収が増え、社会も利益を享受した）。[*20]

突きつめていうなら、慈善とは「限られた資源をどのように最適配分すべきか」という経済学的な問題だ。だとすれば、先進国に暮らす者にとっての「倫理的な生き方」とは、質素な暮らしをしながら懸命に働き、収入のうちできるだけ多くの割合（10%かそれ以上）を、その効果が「エビデンス」によって証明された事業（を行なう援助団体）に寄付することになるはずだと〈効果的な利他主義〉者はいう。

ミニマリストの大富豪

1992年に大学教授の両親のもとカリフォルニアで生まれたサム・バンクマン＝フリードは、中学生の頃に功利主義に興味をもち、マサチューセッツ工科大学では物理学の学位を取得した。最初は学問の世界に進むことを考えていたが、〈効果的な利他主義〉を知って金融の世界を選んだという。投資会社のトレーダーとしてキャリアを積んだあと、2019年に仮想通貨のデリバティブ取引所FTXを設立、29歳にして1兆円を超える資産を築き「現代史の中で誰よりも早く富を蓄積した人物の一人」になった。

そんなバンクマン＝フリードの生活は、他の大富豪とは大きく異なっている。アメリカの規制を避けて香港に移住すると、友人とシェアルームに住み、いつもTシャツと短パン姿で、美食とは無縁のヴィーガン（完全菜食主義）でもある。香港中心部にあるオフィスは、どこでも寝られるようすべての部屋にビーズクッションが置かれている。

若き大富豪の目的は、稼いだお金を慈善団体に投じることだ。これまで人工知能（AI）を人類に役立てるための研究機関や、核兵器や生物兵器の脅威を減らそうとする団体を支援し、医療分野や動物福祉などの分野で多額の寄付活動を行ない、会社の売上の1％を原資とする「FTX基金」を設立した。――FTXは大リーグ・エンゼルスの大谷翔平と長期的なパートナーシップを結んだと報じられた。

2020年の米大統領選では、「地政学上の安定」のためにバイデンに500万ドルを寄付し、マイケル・ブルームバーグと並ぶ大口献金者になったが、大統領と面会するつもりも政治に関与する気もまったくないと語っている。[*21]

1994年生まれのヴィタリック・ブテリン（ロシアで生まれ、6歳の時に両親とともにカナダに移住）は、中学生の頃に「ワールド・オブ・ウォークラフト」に熱中したが、ゲーム会社が中央集権的にルールやキャラクターの能力値を変えることに憤り、権力が分散されているブロックチェーンに興味をもち、2013年に自ら開発したイーサリアムを発表した。

イーサリアムは仮想通貨であると同時に、ブロックチェーンを使ったP2P（Peer to Peer）の契約（スマート・コントラクト）を可能にするプラットフォームで、これによって契約を管理する中央組織（国家や企業）は不要になるとされる。

ブテリンも組織工学や再生医療療法を支援する財団に多額の寄付をしており、2021年5月には、新型コロナウイルスの変異株の感染爆発で医療崩壊を起こしたインドの救済組織などに15億ドル（約1650億円）相当の仮想通貨を寄付したと報じられた。[*22]

お金があふれた世界

テクノロジーの驚異的な成長を背景に、バンクマン＝フリードやブテリンのような新しいタイプの「大富豪」が、20代のうちに1兆円を超える莫大な富を手にするようになった。そんな彼らにとって、お金（仮想通貨）はネット上のたんなるデータでしかない。だとしたら、それを使って「よりよい世界」「よりよい未来」に貢献しようとするのはきわめて合理的だ。

そしてこれは特殊なケースではなく、経済格差が拡大する一方で、世界じゅうで富裕層が爆発的に増えている。スイスの金融機関クレディ・スイスの推計では、アメリカには１８６１万人のミリオネアがおり、人口の５・７％が資産１００万ドル以上の億万長者だ（２０１９年）。これをすべて世帯主とすれば、１億２２４６万世帯に占める割合は15・２％で、６〜７世帯に１世帯がミリオネアになる。同様に、イギリスは10世帯に１世帯、日本とフランスは14〜15世帯に１世帯、ドイツは20世帯に１世帯がミリオネアだ。同一世帯に住む夫婦や親子がミリオネアということもあるからこの数字は過大だろうが、それを考慮しても「億万長者がどこにでもいる世界」をわたしたちは生きている。

コロナ禍にもかかわらずＧＡＦＡなどＩＴ企業を中心に株価が上昇し、富裕層の富はさらに増大した。需要と供給の法則によって、たくさんあるものは価値がなくなっていく。豪邸に住んだり、プライベートジェットやクルーザーをもっていたりしても、尊敬されるどころか、トランプのような「成金根性」としてバカにされてしまうかもしれない。

お金があふれた世界では、お金による差別化はますます困難になっていく。ブランドによる「顕示的消費」も、かつてのような効果はなくなった。若者のファッションがどんどん地味になっているのは日本だけの現象ではない。

「消費大国」のアメリカですら、若者たちがこの10年ほどでモノ（消費）に対する興味を失ったため、大人たちはティーンエイジャーへのプレゼント選びに頭を悩ますようになったという。そんな彼ら/彼女たちが夢中になって求めているのは、フェイスブックやツイッター、インスタグラムなどSNSの「評判」なのだ。[*23]

バンクマン゠フリードは、きわめて高い知能によって金融(仮想通貨)市場をハックして巨額の富を築いたが、その生活はミニマリストにきわめて近い。いまやほんとうの「富豪」は、ルームシェアのアパートで暮らし、野菜ばかりを食べ、「世界を変える」ために慈善団体にせっせと寄付をしているのだ。

「富から評判へ」という革命

若き大富豪たちが行なう〈効果的な利他主義〉は興味深い現象だが、その価値観が広まっていくかどうかはまだわからない。

テクノロジーの指数関数的な進歩と、さまざまな分野のコンバージェンス(収斂《しゅうれん》)によって、2030年の世界は大きく変わるとの予言が現実味を増してきた。[*24]医療技術のイノベーションで寿命が大きく伸び、ピーター・スコット゠モーガンが実践したように、臓器を機械に置き換えることも当たり前になるかもしれない。それによって超長寿化が実現したとしたら、寿命をまっとうするのにどのくらいの費用が必要なのか見当もつかないだろう。だとしたら富裕層は、収入の10％を慈善に回すのではなく、未来の「大変化」に備えて貯蓄・投資しようとするのではないだろうか。

テクノロジーがもたらすもうひとつの大きな変化がリアルとヴァーチャルの融合で、いまやSNSなどヴァーチャル空間のやりとりがリアルライフの一部なのはごく当たり前になった。あるいは、リアルとヴァーチャルを区別すること自体が意味をなくしているのかもしれない。

一人ひとりが「評判」をもち、それがSNSで可視化されるようになれば、会社のような組織に所属しなければならない理由はなくなっていく。そのきっかけがコロナ禍でのリモートワークだが、こうした働き方がさらに広がっていけば、やがてはいくつかのプラットフォーマーと、そのインフラを利用してビジネスを行なう個人（フリーエージェント）や小企業（マイクロ法人）だけになっていくのではないだろうか。

ヴィタリック・ブテリンが構想するスマート・コントラクトが現実のものになれば、契約を中央集権的に管理するプラットフォーマーすら不要になり、ばらばらの個人がプロジェクトごとに協働し、それが終わると解散する働き方に変わっていくとされる。これが「リベラリズム＝近代」の完成形で、会社だけでなく、最終的には社会を統制する国家すらもなくなって、わたしたちはなにものにも支配されない究極の自由（と自己責任）の世界を生きることになる。

いずれにせよ確かなのは、新型コロナウイルスの世界的な感染拡大によって、現実世界とヴァーチャル世界の融合、すなわち「富から評判へ」という巨大なパラダイム転換がさらに加速したことだ。

この「革命」はまだ始まったばかりで、それがわたしたちをどこに連れていくのか、誰も知らない。

＊1　「「寝そべり族」が映す中国の危機　都市は生活費高騰、実質貧しく」日本経済新聞電子版2021年8月6日（Financial Times記事の要約）
＊2　橋本努『消費ミニマリズムの倫理と脱資本主義の精神』（筑摩選書）。これは内外のミニマリズムを概観する最適なガイドで、この章でも参考にした。
＊3　マーク・ボイル『ぼくはお金を使わずに生きることにした』吉田奈緒子訳、紀伊國屋書店
＊4　ジェイン・ジェイコブズ『市場の倫理 統治の倫理』香西泰訳、ちくま学芸文庫
＊5　佐々木典士『ぼくたちに、もうモノは必要ない。〔増補版〕』ちくま文庫
＊6　ヴィッキー・ロビン、ジョー・ドミンゲス『お金か人生か　給料がなくても豊かになれる9ステップ』岩本正明訳、ダイヤモンド社
＊7　アン・ケース、アンガス・ディートン『絶望死のアメリカ　資本主義がめざすべきもの』松本裕訳、みすず書房
＊8　デイビッド・ブルックス『アメリカ新上流階級 ボボズ　ニューリッチたちの優雅な生き方』セビル楓訳、光文社

＊9　アダム・ハート『目的に合わない進化　進化と心身のミスマッチはなぜ起きる』柴田譲治訳、原書房
＊10　カル・ニューポート『デジタル・ミニマリスト　スマホに依存しない生き方』池田真紀子訳、ハヤカワ文庫NF
＊11　エピクテトス（アンソニー・A・ロング編）『2000年前からローマの哲人は知っていた　自由を手に入れる方法』天瀬いちか訳、文響社
＊12　ウィリアム・B・アーヴァイン『ストイック・チャレンジ　逆境を「最高の喜び」に変える心の技法』月沢李歌子訳、NHK出版
＊13　クリストファー・ワイリー『マインドハッキング　あなたの感情を支配し行動を操るソーシャルメディア』牧野洋訳、新潮社
＊14　ジェイン・マクゴニガル『幸せな未来は「ゲーム」が創る』藤本徹・藤井清美訳、早川書房
＊15　リチャード・セイラー、キャス・サンスティーン『実践 行動経済学　健康、富、幸福への聡明な選択』遠藤真美訳、日経BP社
＊16　エリック・A・ポズナー、E・グレン・ワイル『ラディカル・マーケット　脱・私有財産の世紀』安田洋祐監訳、遠藤真美訳、東洋経済新報社
＊17　ピーター・シンガー『あなたが世界のためにできるたったひとつのこと　〈効果的な利他主義〉のすすめ』関美和訳、NHK出版
＊18　Nina Munk (2014) *The Idealist: Jeffrey Sachs and the Quest to End Poverty*, Anchor
＊19　ウィリアム・マッカスキル『〈効果的な利他主義〉宣言！　慈善活動への科学的アプローチ』千葉敏生訳、みすず書房
＊20　マッカスキル、前掲書
＊21　Alexander Osipovich (2021/4/16) This Vegan Billionaire Disrupted the Crypto Markets. Stocks May Be Next., *The Wall Street Journal*
＊22　大西康之「世界経済の革命児58　巨大プラットフォーマーからの解放を目指す仮想通貨の考案者」『文藝春

秋』２０２１年８月号

＊23　ジョセフ・ヒース、アンドルー・ポター『反逆の神話〔新版〕「反体制」はカネになる』「序文　二〇二〇年フランス語新版に寄せて」栗原百代訳、ハヤカワ文庫ＮＦ

＊24　ピーター・ディアマンディス、スティーブン・コトラー『２０３０年　すべてが「加速」する世界に備えよ』土方奈美訳、NewsPicksパブリッシング

あとがき

20年前に書いた本が、なぜか一昨年くらいから版を重ねている。2002年に出版された『お金持ちになれる黄金の羽根の拾い方』で、14年に改訂、17年に文庫化された（現在は幻冬舎文庫）。読者の多くは若い世代で、SNSでの情報交換によってこの作品を知るようになったらしい。

ネットのレビューを見ていて興味深かったのは、新しい読者はこれを「ハック本」だと思っていることだ。そしてこれは、まったく間違ってはいない。

どのようなシステムも完璧なものではない以上、そこには必ず〝バグ〟がある。それを上手に利用することで、労せずして超過利潤を得ることができる。このような無リスクの収益機会が「黄金の羽根」だ。

グローバルな金融市場では、同じ株式や通貨が、別の市場で異なる価格で取引されていることがある。このとき、割高なものを売り、割安なものを買えば、いずれ価格差はなくなって確実に利益が実現する。この投資手法をアービトラージ（さや取り）という。

これは経済学的にはあり得ないフリーランチなので、鵜《う》の目鷹《たか》の目で儲けようとしているヘッジファンドなど機関投資家によって、その収益機会（黄金の羽根）はたちまち失われてしまうはずだ。ファイナンス理論では、これが「効率的市場仮説」が成立する根拠とされる。

だが現実社会は金融市場ほど効率的ではなく、さまざまな政治的思惑がからんで、制度のバグがいつまでも温存されることがある。税制はその典型で、自民党から共産党にいたるまで、すべての政党の選挙基盤が地域の商店主や自営業者、中小企業経営者であることで、サラリーマンに比べてこうした「弱者」は圧倒的に有利な扱いを受けている。日本は「サラリーマン社会」なので、そこからこぼれ落ちるひとたちに便宜をはかったとしても、さほど大きな問題にはならないのだ。

行政にとっても、源泉徴収と年末調整でサラリーマンから確実に税・社会保障費を徴収できるのだから、わざわざ政治家の票田に手を突っ込んでトラブルを引き起こす理由はない。このようにして、20年前に紹介したハックの手法（マイクロ法人）をいまでもほぼそのまま使うことができるのだ。[*1]

私は当初から、これを「日本というシステム」のハッキングだと考えていたが、世間一般の評価は「巧妙な節税法」で、すべて合法であるにもかかわらず「脱税指南」とのいわれなき批判を受けたこともある。それがこの数年で、「ハック本」として（正しく）再評価されるようになった。

この個人的な体験から、「ハックの大衆化」とでもいうべき大きなトレンドが起きていることに気づいた。いまやコンピュータ・ネットワークだけでなく、あらゆるものがハッキングの対象になった。なぜなら知識社会が高度化し、正攻法の人生設計が通用しなくなって、「別の道」を探すしかなくなったから。

これが日本だけの現象ではないことは、アメリカにおいて、恋愛の難易度が上がったことでPUA（ピックアップ・アーティスト）が登場し、経済格差が広がったことで、ビットコインなど仮想通貨を売買したり、「ミーム株」と呼ばれるネット仕手株の投機に参加して、短期間で大きな富を手にしようとする流行が起きたことからもわかる。そしていまでは、自分自身をハッキングして〝拡張〟するトランスヒューマニズム（超人主義）が現実のものになろうとしている。こうした傾向を、AI（人工知能）をはじめとするテクノロジーの急速な進歩が後押ししていることも間違いない。

コロナ禍の緊急事態宣言で、東京など多くの地域で飲食店の営業時間が短縮され、酒類の提供が禁止されたが、それにもかかわらず繁華街では深夜までお酒を提供する店が繁盛し、メディアでもその様子が繰り返し報じられた。

飲食店が感染拡大の原因なのかについては専門家のあいだでも意見が分かれ、「1日6万円（東京都）の協力金では家賃分にもならない」という飲食店もある。「ルールを破っている」と一方的に責めるわけにはいかないものの、それでも酒類を提供せずに営業を続けている店があるのだから不公平感は否めない。――その一方で、個人営業の飲食店などは売上を超える収入を得て、「協力金バブル」「協力金長者」と呼ばれた。

この状況を目の当たりにした（日本の未来を担う）子どもや若者たちは、「正直者が馬鹿を見る」という現実を思い知らされたはずだ。そんな社会で生き延びていくには、唯々諾々《いいだくだく》と常識（お上の要請）に従うのではなく、自分に有利なルールでゲームをプレイしなければならないし、そうでなければあっという間に「下級国民」に落ちてしまう。このようにして、「ハック」はさらに広まっていくだろう。

本書を読んでいただければわかるように、ハッキングには一定の（あるいはとてつもない）効果があるものの、すべてのひとにその利益が公平に分配されるわけではない。というよりも、そこは一部の者が成功し、大多数は失敗するロングテールの世界だ。身も蓋《ふた》もないいいかたをするなら、大半の果実は「とてつもなく賢い者」が独占していく。

わざわざ断る必要もないと思うが、本書はハックを勧めているわけではない。もちろん、自信があるのなら挑戦するのは自由だが。

私は2019年に、若い世代に向けて『人生は攻略できる』（ポプラ社）という本を書き、21年の『無理ゲー社会』（小学館新書）では、「攻略不可能なゲーム」に放り込まれてしまったと感じる若者たちが増えている背景を考察した。だがこれは、かつては可能だったものが不可能になったということではない。

「進化論的制約」から、人間はしばしば不合理な選択や行動をし、社会・制度のバグは簡単にはなくならない。それを考えれば、むやみに大きなリスクをとることなく、経済合理的に考え行動することで「人生を攻略する（ハックする）」ことは、（一部のひとにとっては）まだじゅうぶんに可能だろうと思っている。

2021年11月

橘玲

＊1　より詳しくは拙著『貧乏はお金持ち　「雇われない生き方」で格差社会を逆転する』（講談社＋α文庫）を参照されたい

講談社現代新書　2644

裏道《うらみち》を行《い》け　ディストピア世界《せかい》をＨＡＣＫ《ハック》する

二〇二一年一二月二〇日第一刷発行　二〇二二年一月一一日第二刷発行

著者　橘　玲《たちばなあきら》　© Akira Tachibana 2021

発行者　鈴木章一

発行所　株式会社講談社

東京都文京区音羽二丁目一二―二一　郵便番号一一二―八〇〇一

電話　〇三―五三九五―三五二一　編集（現代新書）

〇三―五三九五―四四一五　販売

〇三―五三九五―三六一五　業務

装幀者　中島英樹

印刷所　株式会社新藤慶昌堂

製本所　株式会社国宝社

定価はカバーに表示してあります　Printed in Japan

N.D.C. 360　269p　18cm

ISBN978-4-06-526570-3

「講談社現代新書」の刊行にあたって

教養は万人が身をもって養い創造すべきものであって、一部の専門家の占有物として、ただ一方的に人々の手もとに配布され伝達されうるものではありません。

しかし、不幸にしてわが国の現状では、教養の重要な養いとなるべき書物は、ほとんど講壇からの天下りや単なる解説に終始し、知識技術を真剣に希求する青少年・学生・一般民衆の根本的な疑問や興味は、けっして十分に答えられ、解きほぐされ、手引きされることがありません。万人の内奥から発した真正の教養への芽ばえが、こうして放置され、むなしく滅びさる運命にゆだねられているのです。

このことは、中・高校だけで教育をおわる人々の成長をはばんでいるだけでなく、大学に進んだり、インテリと目されたりする人々の精神力の健康さえもむしばみ、わが国の文化の実質をまことに脆弱なものにしています。単なる博識以上の根強い思索力・判断力、および確かな技術にささえられた教養を必要とする日本の将来にとって、これは真剣に憂慮されなければならない事態であるといわなければなりません。

わたしたちの「講談社現代新書」は、この事態の克服を意図して計画されたものです。これによってわたしたちは、講壇からの天下りでもなく、単なる解説書でもない、もっぱら万人の魂に生ずる初発的かつ根本的な問題をとらえ、掘り起こし、手引きし、しかも最新の知識への展望を万人に確立させる書物を、新しく世の中に送り出したいと念願しています。

わたしたちは、創業以来民衆を対象とする啓蒙の仕事に専心してきた講談社にとって、これこそもっともふさわしい課題であり、伝統ある出版社としての義務でもあると考えているのです。

一九六四年四月　野間省一